Las relaciones son frágiles y, una vez rotas, muy difíciles de reparar.

Entre nosotros, tenemos más de 50 años de experiencia en el matrimonio, la crianza de los hijos y vida como padres solteros afrontando la separación y el divorcio.

Este libro le ayudará a cultivar su relación en todo momento: para tratarla con respeto y valorarla de forma que se le de la mejor oportunidad de duración.

para SENTIDO COMÚN PAREJAS
el amor que dura

JANE BRIDGE & JOHN KLINCK

Traducido por Patricia Santana

DIB
books

Sentido Común para Parejas
El Amor que Dura

Derechos de autor © Jane Bridge & John Klinck, 2014.
Todos los derechos reservados.

Traducido por Patricia Santana, 2014.

Diseño de portada e interior © DIB Books, 2014.
Imagen de portada © Masson / Shutterstock, 2014.

Las ideas y opiniones expresadas en este libro son las nuestras y de nadie más.
Vienen simplemente de nuestra propia experiencia y de discusiones.

Todos los derechos reservados. Ni este libro, ni ninguna parte de su contenido, puede ser reproducido sin permiso de la editorial.

ISBN-13: 978-1-78532-001-9
ISBN-10: 1-78532-001-7

Publicado por DIB Books, 2014.
www.dibbooks.com

SENTIDO COMÚN *para* PAREJAS
el amor que dura

JANE BRIDGE & JOHN KLINCK

Traducido por Patricia Santana

SOBRE LOS AUTORES

Jane Bridge fue abogada en derecho de familia durante muchos años antes de cambiar la dirección de su carrera para convertirse en mediadora familiar. Durante los últimos 20 años ha estado trabajando con parejas que han decidido separarse o divorciarse, ayudándoles a llegar a acuerdos sobre sus hijos y las finanzas. En el curso de su trabajo ha escuchado cientos de historias de clientes acerca de lo que llevó a la ruptura de sus relaciones y lo que pudieron haber hecho diferente. En los últimos 25 años ha sido coautora de muchos libros de texto de derecho de familia.

John Klinck es doctor con más de 30 años de experiencia en el Servicio Nacional de Salud. Se ha especializado en anestesia pediátrica y cuidados intensivos para el trasplante de órganos, lo que lo ha puesto en contacto con niños y adultos de todas las clases sociales.

Antes de que se conocieran, ambos autores habían criado hijos y pasado por divorcios. Por lo tanto, tienen conocimiento de primera mano sobre los problemas y las tensiones involucrados en las relaciones a largo plazo. Juntos, han decidido resumir en este breve libro informativo lo que han aprendido de sus conocimientos y experiencia personal acumulada. Tienen la esperanza de transmitir a los demás algunos aspectos positivos para cultivar y mantener relaciones con la esperanza de que el trauma de la separación y el divorcio se pueda evitar.

AGRADECIMIENTOS

Nos gustaría agradecer la ayuda y el apoyo de nuestra familia y amigos quienes nos han ayudado a realizar este libro para usted: a David Bridge, hijo de Jane, quien organizó el arte de la portada, lo editó y lo publicó para nosotros; a John y Abigail Harman quienes leyeron el borrador e hicieron comentarios útiles y constructivos y a David y Caroline Borshoff quienes pusieron sus ojos expertos sobre el contenido y nos animaron de principio a fin.

SENTIDO COMÚN
para **PAREJAS**
el amor que dura

CONTENIDO

Sobre Los Autores — vii
Agradecimientos — ix
Introducción — xxi

Capítulo Uno ~ ¿Qué Tan Saludable Es Su Relación? ¿Es Digna De Salvarla? — 1

　Cuestionario — 3

Capítulo Dos ~ ¿Pueden Hombres Y Mujeres Vivir Felizmente Juntos Por Siempre? — 7

　Igualdad — 11

Compatibilidad Sexual — 12
Comunicación Abierta — 13
La Capacidad De Compromiso — 14
Ser De La Misma Edad — 15
Compartir Proyectos / Pasatiempos / Actividades / Deportes — 16
Hijos — 17

Capítulo Tres ~ Compatibilidad — 19

Igualdad — 22
Respeto Por Los Demás — 24
Preservar Los Límites Del Ego Después De La Primera Oleada De Romanticismo — 29
Edad — 30
Proyectos / Pasatiempos / Actividades / Deportes Colectivos — 32
Socializar Con Otras Personas / Parejas — 33
Las Diferencias Culturales — 34
Los Mejores Consejos Para La Compatibilidad — 37

Capítulo Cuatro ~ Comunicación — 41

Comunicación Abierta — 43
¿Cómo No Comunicar...? — 44
¿Cómo Comunicarse De Una Manera Positiva? — 46

La Capacidad De Compromiso — 50
¿Qué Sucede Cuando La Comunicación Se Rompe? — 51
Los Mejores Consejos Para Una Mejor Comunicación — 53

Capítulo Cinco ~ Su Relación Sexual — 57

Compatibilidad Sexual — 59
Infidelidad — 61
La Bisexualidad / Homosexualidad — 63
El Abuso Sexual En El Pasado — 65
Si Usted Ha Sido Víctima De Abuso Sexual — 67
Los Mejores Consejos Para Una Relación Sexual Sana — 68

Capítulo Seis ~ Hijos — 71

¿Le Gustaría Tener Hijos? — 73
Los Embarazos No Planeados — 75
El Impacto De Los Hijos En La Relación De Pareja — 77
Preservar La Relación De Pareja — 79
Importancia De Los Modelos Tempranos - Hombre / Mujer — 80
Etapas Del Desarrollo Emocional — 81

Psicología Niño –Niña — 82
Los Hijos Necesitan A Ambos Padres — 83
Los Mejores Consejos Para Los Padres — 84
Las Áreas Problemáticas — 87
Los Hijos Discapacitados — 89
Padrastros — 91
Crianza De Los Hijos Con Sus Ex Parejas — 93
Los Mejores Consejos Para Padres Separados — 94

Capítulo Siete ~ Dinero — 97

La Planificación Financiera — 99
Acuerdos De Convivencia — 101
Independencia Financiera — 102
Los Gastos De Los Hijos — 103
Vacaciones — 105
Los Problemas Financieros — 106
Los Mejores Consejos Para Finanzas Sanas — 109

Capítulo Ocho ~ Trabajo — 113

Socializar Con Los Compañeros De Trabajo — 117
Funciones De Equilibrio Dentro Del Hogar — 118
Despido — 119
Los Mejores Consejos Si Es Despedido — 121
Jubilación — 124

Los Mejores Consejos Para Prepararse Para La Jubilación — 126

Capítulo Nueve ~ Salud — 131

Los Mejores Consejos Para Conservar Una Buena Salud — 133
Discapacidad Física O Enfermedad En Uno De Los Socios — 135
Los Mejores Consejos Para El Manejo De La Discapacidad O Enfermedad En Uno De Los Socios — 137
Enfermedad En La Familia Extensa — 138
Los Mejores Consejos Para El Manejo De La Enfermedad Dentro De La Familia Extensa — 139
Depresión, Trastornos De La Personalidad Y Enfermedad Mental — 140
Los Mejores Consejos Para Tratar Con Problemas De Salud Mental — 141
El Alcoholismo, La Toxicomanía, El Juego, La Adicción Sexual — 142
Los Mejores Consejos Para Lidiar Con La Adicción — 145

Capítulo Diez ~ Vacaciones — 149

Vacaciones Juntos — 151
Vacaciones Individuales — 152
Llevando A Los Niños A Vacaciones — 153
La Planificación Financiera — 154
Ser Realista — 155
Los Mejores Consejos Para Las Vacaciones — 158

Capítulo Once ~ La Familia Extensa — 161

Importancia De Las Buenas Relaciones Familiares — 163
Interferencia De La Familia Extensa — 164
Reglas Básicas Cuando Los Abuelos Proporcionan El Cuidado De Los Niños — 166
Los Mejores Consejos Para El Manejo De Las Relaciones Con La Familia Extensa — 167

Capítulo Doce ~ La Industria De La Boda — 171

Casarse: ¿Para Quién Es Realmente? — 173
El Costo De Casarse — 177
Estadística De Matrimonios Y Divorcios — 182
Acuerdos Prenupciales — 185
¿Hay Una Alternativa Al Matrimonio? — 187

Cohabitación — 189
Los Mejores Consejos Para Las Parejas De Hecho — 190

Capítulo Trece ~ Los Tiempos Difíciles Juntos: Cómo Enfrentarse A Las Cosas Cuando Van Mal — 195

¿Cómo Sobrellevar Las Cosas Cuando Van Mal? — 197
Reconociendo Una "Crisis De La Mediana Edad" — 198
La Pérdida De Un Hijo — 200
La Pérdida De Un Padre — 202
Despido — 203
Los Problemas Financieros — 204
Enfermedades Físicas Y Problemas De Salud Mental —205
Los Mejores Consejos Para El Manejo De Una Crisis — 206

Conclusión — 211
Lectura Recomendada — 213
Versión Digital Gratis — 217

*Las ideas y opiniones expresadas
en este libro son las nuestras
y de nadie más.*

*Vienen simplemente de nuestra
propia experiencia y de discusiones.*

INTRODUCCIÓN

¿Por Qué Debería Adquirir Este Libro?

¿**Por qué** es este libro diferente de los demás que puede haber leído acerca de relaciones? En nuestra experiencia, los típicos libros de autoayuda son en general acerca de la recuperación y restauración del "yo" después de que lo peor ha pasado en una relación en lugar de la recuperación y restauración de la relación misma. Las relaciones son frágiles y, una vez rotas, muy difíciles de reparar. Este libro ha sido escrito para ayudarle a cultivar su relación en todo momento, para tratarla con respeto y valorarla de manera que se le dé la mejor posibilidad de duración. Desafortunadamente, una vez que uno o ambos cónyuges son infelices y están en la etapa de buscar asesoramiento ya puede ser demasiado tarde para salvar la relación.

Irónicamente, la necesidad biológica para emparejarse sucede en el momento cuando en su vida se tienen las herramientas más pobres para sostenerlo. Durante los 20 y principios de los 30 su experiencia de vida es corta y la "inteligencia emocional" es limitada. El reconocimiento temprano de los factores que pueden indicar el riesgo de ruptura de una relación, y su tratamiento, puede ayudar a mantener una relación sana. Naturalmente, muy pocas parejas poseen estas herramientas, pero muchas otras pueden aprender a usarlas para el beneficio de su relación.

Creemos que este libro puede ser útil en cualquier número de puntos "detonantes" para el potencial fracaso, por ejemplo;

- ▶ Antes del inicio de una relación - ¿Es esta la persona adecuada para mí?
- ▶ Al considerar si deben o no vivir juntos
- ▶ Al considerar si desea o no que se comprometan
- ▶ Al considerar si deben o no casarse
- ▶ Cuando el período de "luna de miel" es uno y la realidad desciende
- ▶ Cuando los niños nacen y la pareja tiene menos tiempo para estar juntos
- ▶ Durante una "crisis de la mediana edad" cuando uno o ambos cónyuges se preguntan si esta relación es todo lo que la vida tiene para ofrecer
- ▶ Al considerar la posibilidad o no de tener una aventura
- ▶ Al considerar la posibilidad o no de separarse
- ▶ Cuando un padre, pariente cercano o un niño muere

- ▶ Cuando uno de los cónyuges se convierte en insolvente o desempleado
- ▶ Cuando hay alguna otra crisis financiera o desconfianza sobre el gasto, etc.

Entre nosotros, los autores, tenemos más de 30 años de experiencia en el matrimonio y la crianza de los hijos y otros 20 años de vida como padres solteros afrontando la separación y el divorcio. Hemos tenido la suerte de encontrar una nueva relación. Como resultado de lo que hemos vivido, nos damos cuenta de lo valioso que es, y estamos decididos a cuidarla en la medida de nuestra capacidad. Nos gustaría compartir con ustedes lo que hemos aprendido, con la esperanza de que pueda ser de alguna ayuda para usted en el mejoramiento de su propia relación. Si se pudiera resumir en una sola frase el objetivo que este libro pretende conseguir, sería "una onza de prevención vale una libra de cura".

CAPÍTULO UNO

¿Qué Tan Saludable Es Su Relación?
¿Es Digna De Salvarla?

ntes de ir más lejos, tómese unos minutos para responder este sencillo cuestionario.

Cuestionario:

- ▶ ¿Le gusta su pareja?
- ▶ ¿Respeta a su pareja?
- ▶ ¿Le gusta pasar el tiempo en compañía de su pareja?
- ▶ ¿Tiene una vida sexual satisfactoria con su pareja?
- ▶ ¿Tiene intereses compartidos con su pareja?
- ▶ ¿Tienen aficiones diferentes, intereses o pasatiempos que cada uno de ustedes se siente libre de seguir sin molestar a la otra persona?
- ▶ ¿Le gustan algunos de los amigos de su pareja?
- ▶ ¿Hablan de sus finanzas juntos por lo menos una vez al año?
- ▶ ¿Siempre ha sido fiel a su pareja?
- ▶ ¿Se lleva con la familia de su pareja?

- ¿Se lleva su pareja con su familia?
- ¿Comparte las tareas domésticas con su pareja?
- ¿Comen usted y su pareja la mayoría de las cenas de la noche juntos?
- ¿Habla con su pareja abiertamente sobre cómo se siente?
- ¿Le habla su pareja abiertamente de como él / ella se siente?
- ¿Tiene amigos con quien hablar acerca de su relación?
- ¿Le resulta fácil ponerse de acuerdo con su pareja acerca de dónde ir de vacaciones?
- ¿Sabe las consecuencias jurídicas de la separación?

Si también tiene niños:

- ¿Deja que otra persona cuide a sus hijos al menos una vez por semana para que puedan tener tiempo juntos como pareja?
- ¿Va usted de fin de semana sin sus hijos, a veces?
- ¿Se va de vacaciones sin sus hijos, a veces?

Resultados:

Si sus respuestas fueron principalmente "no", entonces es improbable que este libro le ayude con su relación. Consulte el Capítulo 13 para obtener algunas ideas útiles sobre cómo avanzar. Si al menos la mitad de sus respuestas fueron "sí", entonces usted puede encontrar algunas sugerencias en el resto de este libro para mejorar su relación.

CAPÍTULO DOS

*¿Pueden Hombres Y Mujeres Vivir
Felizmente Juntos Por Siempre?*

La verdad del asunto es que los hombres y las mujeres están 'conectados' de manera diferente en cuanto a sus funciones, valores y expectativas. Hay un gran número de libros que explican las diferencias entre los hombres y la psicología femenina, entre los que hemos encontrado *Los hombres son de Marte, las mujeres son de Venus (Harper Collins Publishers Limited)* John Gray y *You Just Don't Understand, Women and Men in Conversation (Virago Press Limited)* Deborah Tannen, extraordinariamente útil. Al final de este libro se encuentra una lista de lectura recomendada.

Enamorarse es un tiempo emocionante y apasionante cuando la vida juntos es relativamente fácil porque los límites del ego se erosionan, se hacen enormes esfuerzos para complacerse el uno al otro y los obstáculos parecen insignificantes en comparación con la magnitud y la fuerza de sus emociones inmediatas. Sin embargo, una vez que el período de "luna de miel" ha terminado y se desciende a la vida real, los límites del ego se restauran (en su totalidad o en parte) y la verdadera prueba de la longevidad de la relación comienza. El libro de M Scott Peck *The Road Less Travelled (Rider, 1997)* tiene una maravillosa sección 'Love' que aborda todo el tema en detalle.

La manera de elegir una pareja se ve afectada por un número infinito de factores e influencias. La importancia de las experiencias de la infancia, sus modelos a seguir y su posición en la familia no puede ser subestimada en relación con la elección de pareja. A veces elegimos socios "inadecuados" por razones subconscientes. A menudo es hasta más tarde en la vida que entendemos esto. Un maravilloso libro para leer sobre este tema es *Families and How to Survive Them* John Cleese y Robin Skinner. Para que una relación tenga éxito, primero debe tener cierta comprensión de sí mismo y cómo su percepción de sí mismo se verá afectada por estar en una relación de pareja. Es un cliché decir que "no se puede hacer que alguien lo ame", pero no significa que mucha gente lo intente hacer. A menudo, la gente entra en relaciones basadas en un examen médico superficial y/o atracción sexual pensando que puede moldear o cambiar a la otra persona en alguien más "conveniente" a sus propios ideales, lo que suele ser una receta para el desastre.

Algunos ingredientes esenciales

Igualdad

En nuestra experiencia, a menos que exista una verdadera igualdad entre los socios en la mayoría de los campos es poco probable que la relación dure a largo plazo. Es vital que se amen, se gusten y se respeten el uno al otro; es posible experimentar uno o dos de estos sentimientos al mismo tiempo, pero es menos usual experimentar los tres juntos. Es importante que haya valores-sentimientos compartidos, la familia, los hijos, lo material, lo financiero, lo profesional, la integridad / honestidad, el trabajo, la recreación etc. (véase el Capítulo 3)

Compatibilidad sexual

Este es el "pegamento" que mantiene a una pareja cuando todo lo demás se puede estar desintegrando alrededor de ellos. Si hay incompatibilidad sexual a continuación, con el paso del tiempo es muy probable que uno o ambos cónyuges lleguen a desanimarse, frustrarse y ser infelices. Mantener y preservar la intimidad sexual, un jardín secreto protegido de otras personas, es una parte vital de cualquier relación exitosa. (Consulte el Capítulo 5).

Comunicación abierta

Ser capaz de hablar el uno al otro sobre cualquier cosa y todo lo que significa que muchos de los problemas pueden ser expuestos y resueltos, antes de que se conviertan en un peligro para la relación. A la inversa, si una persona siente que hay ciertos temas que simplemente no puede tocar con su pareja debido a su posible reacción entonces es probable que persista bajo la superficie del resentimiento y erupción en algún momento. (Consulte el Capítulo 4).

La capacidad de compromiso

Esta es otra habilidad esencial para cualquier persona que desea preservar su relación. No acceder a lo que usted quiere o lo que usted ve como "correcto" a menudo no es tan importante como ser capaz de comprometer sus deseos y aceptar que a veces es mejor dejar que la otra persona perciba lo que es "correcto" para mantener influencia, incluso si usted piensa que ¡están equivocados! (Ver Capítulo 4).

Ser de la misma edad

Hay, por supuesto, muchas relaciones exitosas en las que los socios involucrados son de edades muy diferentes. Sin embargo, como regla general, los socios que son de la misma generación tienen más en común que los que no lo son y por lo tanto más probabilidades de haber experimentado influencias culturales compartidas durante sus vidas, por ejemplo, los padres que están ahora en el mismo grupo de edad, tuvieron oportunidades similares para la educación, la exposición a los mismos tipos de música, la televisión, la moda y así sucesivamente. (Consulte el Capítulo 3).

Compartir proyectos / pasatiempos / actividades / deportes

Es vital para cualquier relación exitosa que los socios tengan algunos intereses compartidos fuera de su hogar y su familia inmediata. Esto proporcionará oportunidades para que puedan pasar tiempo de calidad juntos y tengan algo diferente e interesante de que hablar. Dedicar tiempo a un proyecto o actividad compartida es una excelente manera de poner en perspectiva las preocupaciones diarias y escapar de las frustraciones domésticas. (Consulte el Capítulo 3).

Hijos

Es crucial que los socios hablen abierta y honestamente de la posibilidad de tener hijos. Si uno de ellos está desesperado por tener y el otro no, entonces esto probablemente se convierta en un momento decisivo, tarde o temprano será un problema para la relación. (Consulte el Capítulo 6)

Analizaremos cada uno de los temas antes mencionados, y muchos más, con mayor detalle en los siguientes capítulos.

CAPÍTULO TRES

Compatibilidad

Como ya hemos abordado en el Capítulo 2, las características superficiales que inicialmente atraen a alguien pueden ocultar cualidades interiores que resultan ser fundamentalmente incompatibles con su propia personalidad. A veces la gente ha invertido mucho emocionalmente en una relación y en el momento en que descubren que esta parece fácil de continuar tratan de hacer que todo funcione en vez de dar un paso atrás y considerar si sería mejor para los dos separarse. Continuar en una relación que no lo hace feliz significa que también renuncia a la posibilidad de conocer a alguien nuevo.

Igualdad

En nuestra experiencia a menos que exista una verdadera igualdad entre los socios en la mayoría de los campos, es poco probable que la relación dure a largo plazo. Es vital que se gusten, se amen y se respeten el uno al otro; es posible experimentar uno o dos de estos sentimientos al mismo tiempo, pero poco usual experimentar los tres juntos. Es importante que haya valores compartidos, por ejemplo, en relación a su vida emocional, sus familias, sus hijos, sus circunstancias materiales, sus objetivos financieros y aspiraciones, sus vidas y sus carreras profesionales, sus actividades de ocio y sus puntos de vista acerca de la integridad, la honestidad, el trabajo duro y así sucesivamente.

También es importante que cada uno de ustedes traiga a la relación cualidades y características que equilibren la dinámica entre los dos. Por ejemplo, es posible que ambos tengan una carrera, pero uno de los dos puede pasar más tiempo fuera de la casa ganando dinero mientras que el otro combina su carrera con el cuidado de la casa, y/o hijos o familiares mayores. A partir de un objetivo punto de vista, cada función puede ser valiosa en sí misma, pero la pregunta es si la crisis de cada socio *percibe* su papel de ser de igual valor que la del otro.

Respeto por los demás

Es vital que cada socio tenga o gane el respeto del otro y esto no necesariamente significa respeto por los talentos del otro, apariencia, habilidades, logros, etc. En realidad, se trata del esfuerzo que cada uno pone en la relación. Por supuesto, cada persona tiene una percepción diferente de lo que constituye "esfuerzo" y es importante que la pareja tenga criterios similares a este. Si, por ejemplo, el principal sostén utiliza criterios financieros para juzgar esfuerzo, entonces él/ella puede sentir que está poniendo más esfuerzo en la relación que la pareja que pasa más tiempo en casa cuidando de esta y de la familia en lugar de traer ingresos.

La pereza es "la raíz de todo mal" y podría conducir a la muerte lenta de una relación. Si una pareja lleva más de lo que es justo en las responsabilidades y se da cuenta con el tiempo de que el otro simplemente no está dispuesto a dar su parte, entonces esto debe ser abordado abiertamente.

Historia

Ann y Dean tenían empleos de tiempo completo fuera del hogar. Sin embargo, Ann cargaba con la gran mayoría del trabajo en el interior del hogar, el cuidado de sus dos hijos de 12 y 10 años de edad y el cuidado de las cuentas de la casa, así como la realización de visitas periódicas a la madre de Dean de avanzada edad, quien vivía en un hogar. A menudo, Ann pedía a Dean su ayuda pero el continuaba pasando mucho tiempo en el bar local después del trabajo durante la semana y regularmente jugaba golf los fines de semana. Después de 15 años de matrimonio Ann dijo a Dean que quería el divorcio pues sentía que sus esfuerzos eran infravalorados por él y había llegado a la conclusión de que era poco probable que cambiara. Dean se sorprendió por esto y le ofreció a Ann tomar asesoría de pareja para enfrentar el problema. Con la ayuda de su consejero, Ann fue capaz de explicar cómo se sentía y Dean finalmente entendió que si no ponía de su parte en las responsabilidades familiares, el matrimonio llegaría a su fin.

El compromiso es en sí mismo una forma de esfuerzo ya que una persona tiene que estar de acuerdo con sacrificar algo con el fin de complacer a los demás. En el ejemplo anterior, Dean tendría que estar de acuerdo en sacrificar parte de su tiempo en el bar y jugar al golf con el fin de ser capaz de asumir una parte de las responsabilidades familiares. A cambio, Ann tendría que estar de acuerdo en dejar a un lado su ira contra Dean con el fin de darle suficientes oportunidades para demostrar que podía ayudarla.

Tener respeto por el otro incluye no "sofocar" a la otra persona, especialmente en presencia de amigos. Hacer comentarios negativos y críticas con frecuencia durante un largo período de tiempo bien puede erosionar la relación, tal vez irremediablemente.

Historia

Cuando Sue y Mark salían con sus amigos, habitualmente Sue criticaba a Mark por pasar mucho tiempo en el trabajo y no estar disponible para llevarla afuera o llevar a sus tres hijos de 10, 8 y 6 años a sus diversas actividades. Tomaba cada oportunidad para hacer comentarios sarcásticos. Esto era molesto para Mark y él trataba de ignorarlos o reírse ya que era consciente de que era muy incómodo para la gente escucharlos. Mark sintió que llevaba toda la responsabilidad financiera de la familia ya que Sue no trabajaba. Mark sentía que no merecía sus críticas. Cuanto más las ignoraba, Sue más se frustraba y hacía críticas con más frecuencia y se quejaba en voz alta - en privado y en público. Finalmente, Mark había tenido suficiente. Tenía un romance con una mujer más joven en el trabajo y le dijo a Sue que la dejaba. Sue se sorprendió y molestó, y sugirió consejería matrimonial para tratar de reparar la relación. Con la ayuda del consejero Sue fue capaz de explicar que se sentía descuidada y Mark fue capaz de explicar lo molesto que era escuchar la negatividad constante de ella y lo responsable que se sentía por las finanzas de la familia. Acordaron tener una "cita" juntos una vez a la semana y Mark explicó que a pesar de que no podía ayudar mucho con los niños durante la semana, tomaría más responsabilidad con ellos el fin de semana.

Las parejas felices se agradecen el uno al otro frecuentemente - gracias a la otra persona por ayudar con las tareas del hogar, diciéndole que es atractiva, felicitarlos por éxitos y promociones, hacer cosas buenas por los demás sin ser pedidas, organizar salidas inesperadas de sorpresa, recordar cumpleaños y aniversarios, invertir los roles de vez en cuando para que un trabajo que se realiza habitualmente por uno de ellos se realice por la otra persona y así sucesivamente. Lograr el hábito de reafirmar el ambiente positivo significa que las pequeñas cosas que irritan al otro disminuyen con el tiempo si se comparan con todas las cualidades. Además, otras personas prefieren estar cerca de las parejas que son buenas unos con otros y, obviamente, ¡con los demás! Promueve un ambiente feliz para todos.

Preservar los límites del ego después de la primera oleada de romanticismo

Después de los embriagadores primeros días de relación en los que una pareja desea estar junta todo el tiempo, es importante que se empiecen a construir los acuerdos sobre la forma de pasar algún tiempo separados para perseguir sus propios intereses, y cómo permitirse unos a otros ver a los amigos por separado y a la familia. Esto siempre es una negociación difícil, porque cuando alguno en la pareja sugiere tiempo solo, el otro puede sentir que es porque ya no es lo suficientemente interesante o atractivo. En realidad, el hecho de tener un tiempo separados suele ser un factor de fortalecimiento de la relación a largo plazo, ya que permite a cada persona mantener un sentido de su propia autonomía e individualidad en paralelo con "la convivencia en pareja".

Edad

Como regla general, los socios que son de la misma generación pueden tener más en común que los que no lo son y es probable que hayan tenido influencias culturales compartidas, durante sus vidas.

Sin embargo, donde hay una gran diferencia de edad entre los socios, es probable que hayan nacido en diferentes generaciones, expuestos a muchas diferencias en los estilos de crianza de los hijos, la educación, cultura, los patrones de trabajo, la música, la moda, el deporte, los regímenes de salud, las costumbres sociales, etc. Mientras que estas diferencias pueden no aparecer durante el periodo de "luna de miel", como la relación progresa a través de los años es probable que surjan más temprano o más tarde y causen tensión. Las diferencias pueden ser particularmente severas cuando se acerca la pareja de más edad a la jubilación y la vejez, con su disminución en materia de salud y energía. El otro socio todavía puede ser activo y saludable y encuentra que su estilo de vida y las actividades se restringen, como resultado, lleva a sentimientos de frustración y descontento.

Para compensar esto, es importante encontrar intereses comunes que puedan disfrutar juntos en pareja. Cuando se acerca la jubilación, sería aconsejable planificar con anticipación la forma en que la pareja mayor ocupará su tiempo, mientras el más joven todavía está trabajando. Facilitar la jubilación con trabajo a tiempo parcial puede hacer que el proceso sea menos estresante. Considerando que la rutina regular gire en torno a, por ejemplo, deportes, pasatiempos, cursos de educación y así sucesivamente también puede ser útil.

Proyectos / pasatiempos / actividades / deportes colectivos

Es vital para cualquier relación exitosa que los socios tengan algunos intereses compartidos fuera de su hogar y su familia inmediata. Esto proporcionará oportunidades para que puedan pasar tiempo de calidad juntos y tengan algo diferente e interesante de que hablar. Dedicar tiempo a un proyecto o actividad compartida es una excelente manera de poner en perspectiva las preocupaciones diarias y escapar de las frustraciones domésticas.

Socializar con otras personas / parejas

Al comienzo de una relación la pareja conocerá gradualmente a los amigos del otro. Es poco probable que la pareja vaya a llevársela bien con todos los amigos de la otra persona. Como pareja es importante elegir a sus amigos sabiamente y considerar el "tiempo de racionamiento" con quienes no se la llevan bien. Vale la pena que la pareja pase tiempo aparte con los amigos que a la otra persona realmente no le gustan en lugar de esperar a comprometerse con todos. Sin embargo, es probable que haya momentos en los que reunirse con amigos "difíciles" no puedan ser evitados y lo importante es planificar una estrategia para sobrevivir a esas personas que tienden a traer negatividad en su vida.

Las diferencias culturales

Cuando los socios provienen de países diferentes, es esencial que cada uno trate de aprender lo más que pueda sobre la cultura de la otra persona, el idioma, la raza, la religión, etc. Por un lado, las parejas de distintas nacionalidades pueden ser muy enriquecedoras, pero por otro hay gran posibilidad de un malentendido si las expectativas de cada persona sobre lo que implica una relación son muy diferentes de las de la otra.

Capítulo Tres ~ Compatibilidad

Historia

Lily es japonesa y James es británico. Se conocieron en la universidad en Londres hace diez años, se casaron y se establecieron allí. Tienen un hijo, Riku, quien es ahora de 6 años de edad. Su relación se ha deteriorado gradualmente en los últimos dos años. Lily desea que Riku asista a la escuela japonesa todos los sábados por la mañana para que pueda conocer la cultura de su madre, mientras que James está convencido de que Riku debería descansar en casa los fines de semana, como sus amigos. Esta diferencia de perspectiva ha causado muchas discusiones entre ellos y no pudieron resolverlo. Lily deseó volver a Japón con Riku. James se horrorizó ante esta posibilidad. Por último, solicitaron asesoramiento y pudieron llegar a un compromiso por el que Riku asistiría a la escuela japonesa los sábados por la mañana durante el período lectivo hasta que tuviera 11 años. Después de eso, se permitirán decidir si desean o no que continúe. Lily y James fueron capaces de explorar en el asesoramiento, la importancia de su propia cultura y la educación en relación con las expectativas de cada uno en su relación, y las aspiraciones para su hijo. Estuvieron de acuerdo en que era importante para la educación de Riku conocer ambos lados de su familia.

Cuando los socios proceden de países que están lejos, más aún, si todavía tienen familiares cercanos que viven en su país de origen, puede ser difícil mantenerse en contacto con la familia.

Viajar a "casa" puede ser caro y los viajes por lo tanto pueden ser poco frecuentes. Si uno de los socios se siente muy lejos de su familia de origen para pedir apoyo, sobre todo en momentos de estrés, esto puede ser una fuente de tensión en una relación. Por lo tanto, es importante que las parejas hablen acerca de cómo se pueden seguir manteniendo en contacto con sus respectivas familias, a pesar de la distancia. Hoy en día hay muchas maneras de estar en contacto: por correo electrónico, Skype, llamadas telefónicas a bajo costo y así sucesivamente.

Los mejores consejos para la compatibilidad

▶ Preserve la igualdad entre ustedes
▶ Equilibre la responsabilidad financiera con la responsabilidad de la casa y los hijos
▶ Aprecie las cualidades y contribuciones del tiempo de los demás, y dígalo
▶ Afirmen las cosas positivas entre ambos
▶ Siga trabajando duro para ganarse el respeto mutuo a lo largo de la relación
▶ Tómese el tiempo para conocer la cultura y la educación de los otros, y cómo esto puede afectar las expectativas de cada uno
▶ Desarrolle el arte del compromiso - ¿Es siempre importante estar en lo "correcto"?
▶ Nunca 'menosprecie' a la otra persona, sobre todo en público
▶ Construya tiempo por separado y amigos por separado para cada uno de ustedes
▶ Tómense un tiempo juntos para participar en intereses y aficiones comunes

- Haga arreglos para salir a "citas" juntos regularmente
- Elijan socializar con otros amigos / parejas que tengan una actitud positiva ante la vida
- Use toda forma de comunicación abierta para mantenerse en contacto con su red de apoyo de familiares y amigos, incluyendo correo electrónico, Facebook, Twitter, Skype, llamadas internacionales a bajo costo, etc.

CAPÍTULO CUATRO

Comunicación

Comunicación abierta

Ser capaces de hablar el uno al otro sobre cualquier cosa y todo lo que significa que muchos de los problemas pueden ser expuestos y resueltos antes de que se conviertan en un peligro para la relación. A la inversa, si una persona siente que hay ciertos temas que simplemente no puede tocar con su pareja debido a su posible reacción entonces es probable que persista bajo la superficie del resentimiento y erupción en algún momento.

¿Cómo no comunicar...?

▶ No trate de iniciar una conversación cuando ambos estén estresados, ocupados, cansados o con hambre – eso basta para añadir más leña al fuego
▶ No inicie una conversación cuando alguno de ustedes haya estado bebiendo alcohol
▶ No culpe o ataque con el lenguaje que usa - sólo dará lugar a un espiral ascendente de agresión
▶ No elija un tiempo para hablar cuando haya niños u otras personas alrededor - se sentirán incómodos e incluso pueden sentir que tienen que tomar partido
▶ No diga cosas que realmente no quiere decir - una vez que "han salido" no puede traerlas de vuelta
▶ No ponga cosas por escrito y sin pensar en las consecuencias - decir cosas de las que después se arrepienta es bastante malo, poner palabras en papel, por correo electrónico, carta, fax o mensaje de texto puede ser aún peor, ya que pueden ser impresos y utilizados en su contra más adelante
▶ Piense antes de pulsar el botón ¡"enviar"!

▶ Las palabras son poderosas – ¡Cuídese en la forma de usarlas!

¿Cómo comunicarse de una manera positiva?

- Tenga cuidado al iniciar la conversación, ya que aporta color a la forma en que sigue
- Elija el momento y el lugar para hablar. Si es posible, acuerde una fecha y lugar para sentarse juntos en silencio cuando no haya nadie más alrededor y no haya distracciones.
- Asegúrese de que está sobrio
- Asegúrese de que ambos están lo más tranquilos posible y de que hayan tenido algo que comer. Puede ser difícil mantener las cosas en perspectiva y tener el control de lo que se dice cuando la energía y los niveles de azúcar en la sangre no están a su mejor nivel
- Trate de ponerse en los zapatos de la otra persona y considere lo que le gustaría sentir al estar en el extremo receptor de lo que usted está diciendo
- Esté preparado para escuchar, y a veces incluso esté de acuerdo con, críticas a sí mismo - podría aprender algo sobre usted mismo que posiblemente no había percatado antes
- Esté preparado para estar "equivocado" a veces -

puede ser importante permitir que la otra persona esté en lo "correcto" de vez en cuando

▶ Inicie la conversación utilizando un lenguaje "abierto" sin culpar, en lugar de usar palabras que impliquen la crítica o la censura. Si la otra persona siente que está siendo acusada de hacer algo mal es probable que esté a la defensiva y empiece a justificar su posición, en vez de escuchar lo que usted dice.

▶ Considere el uso de declaraciones con "yo" que describen cómo se siente, en lugar de culpar a la otra persona mediante el uso de frases que comiencen con "tú"

Ejemplo

No diga: "Siempre me estás reprimiendo delante de nuestros amigos, ¡sabes que lo odio!"

En lugar de tratar: "Me hace sentir mal cuando me criticas frente a nuestros amigos"

▶ Al pedir a la otra persona que haga algo, usar las palabras correctas y ser directo puede hacer una gran diferencia. Por ejemplo, diga: "¿Serías tan amable de tender la ropa?" es mucho más probable que resulte la cooperación que decir "¿Podrías tender la ropa?" - ¡He estado ocupado haciendo todas las tareas, mientras que todo lo que has hecho es ver la televisión!"

▶ El uso de preguntas "abiertas" implica curiosidad acerca de cómo se siente la otra persona, y es mucho más probable que se mueva la conversación hacia adelante de una manera constructiva.

Por ejemplo, pruebe:

- ¿Cómo te sentirías si...?
- ¿Qué crees que podría ayudar?
- ¿Cuáles son tus pensamientos sobre...?
- ¿Cómo vez...?

La capacidad de compromiso

No acceder a lo que quiere o a lo que usted piensa que es "correcto" a menudo no es tan importante como ser capaz de comprometer sus deseos y aceptar que a veces es mejor dejar la percepción de la otra persona de lo que es "correcto" para mantener dominio (incluso si usted piensa que la otra persona está equivocada).

Practique estar dispuesto a dar un paso atrás en cuestiones que no son tan importantes en el gran esquema de las cosas. Puede ser útil preguntarse: "¿Esto realmente importa en un año?"

Si no, entonces ¿Puede simplemente dejarlo ir?

¿Qué sucede cuando la comunicación se rompe?

Historia

Maggie y Henry han estado casados por 15 años. Sus dos hijos tienen 14 y 8 años. Henry es un oficial del Ejército y ha pasado largos períodos de tiempo en el servicio activo en el extranjero durante el matrimonio. Maggie es una maestra de tiempo parcial y siente que ha criado a los niños más o menos por su cuenta. Henry fue reasignado recientemente cerca de casa. Él y Maggie ahora descubren que han "olvidado" cómo hablar el uno al otro. Como resultado de sus experiencias en zonas de guerra, a Henry le resulta muy difícil hablar de sus sentimientos. Cuando Maggie intenta iniciar conversaciones, Henry se cierra y se retira. Esto hace sentir a Maggie enojada y frustrada, hasta el punto en que a veces lo sigue hasta su casa tratando de hacer que hable con ella. Esto siempre termina en una disputa. Se han dado cuenta de que necesitan ayuda para volver a establecer la comunicación entre ellos. Están teniendo asesoramiento para ayudarles a seguir adelante.

Ellos han decidido:

- Apartar un par de horas a la semana para sentarse y hablar sin distracciones
- Contratar una niñera todos los viernes por la noche para que puedan ir a comer juntos
- Asegurarse de que cada uno de ellos tiene el mismo tiempo para hablar sin ser interrumpidos
- Tratar de escuchar con respeto lo que la otra persona tiene que decir, antes de exponer su punto de vista
- Tratar de centrarse en las cosas positivas que les gusta el uno del otro
- Tratar de ser honestos unos con otros acerca de las cosas que no les gustan mucho, y discutir formas de mejorar la situación
- Henry también se ha comprometido con un consejero para asesoramiento particular para ayudarle a trabajar a través de algunas de sus experiencias en tiempos de guerra

Los mejores consejos para una mejor comunicación

▶ Trate de hablar tan pronto como sienta que las cosas pueden ir mal - no lo deje pasar, o puede ser demasiado tarde
▶ Inicie conversaciones en una manera muy abierta, positiva y sin culpas
▶ Hable cuando esté sobrio, bien alimentado, gozando de tener privacidad
▶ Piense en el impacto de lo que va a decir antes de decirlo
▶ Use declaraciones 'yo' en vez de 'usted'
▶ Piense en las palabras que utiliza en las comunicaciones escritas antes de comprometerse con papel o pulsar el botón 'Enviar'
▶ Mantenga la calma
▶ Póngase en los zapatos de la otra persona de vez en cuando, para ver lo que le gustaría sentir al estar en el extremo receptor de lo que está diciéndole
▶ Esté preparado para estar equivocado a veces
▶ Estar dispuesto a escuchar críticas de sí mismo a veces – le pueden enseñar algo

- ▶ Haga que los problemas sean mutuos - involucre la cooperación de la otra persona para resolverlos
- ▶ Trate de usar "podrías…"en lugar de "¿puedes…"cuando le pide a su pareja hacer algo
- ▶ Utilice preguntas "abiertas" cuando sea posible
- ▶ Practique el arte del compromiso
- ▶ Busque ayuda profesional si se siente fuera de control al tratar de hablar las cosas entre ustedes

CAPÍTULO CINCO

Su Relación Sexual

Compatibilidad sexual

E ste es el "**pegamento**" que mantiene a una pareja cuando todo lo demás se puede estar derrumbando alrededor de ellos. Si hay incompatibilidad sexual a continuación, con el paso del tiempo es muy probable que uno o ambos cónyuges lleguen a desanimarse, frustrarse y ser infelices. Mantener y preservar la intimidad sexual, un jardín secreto protegido de otras personas, es una parte vital de cualquier relación exitosa.

Crear tiempo para el sexo entre las tensiones y el estrés de la vida cotidiana puede ser difícil, pero la recompensa de hacerlo no tiene precio. Concertar para ir a cenar, al cine, escuchar música, bailar, es una manera maravillosa para centrarse en sí y tener la oportunidad de recordar lo divertido que es pasar tiempo juntos. Poner el trabajo, la familia y otros compromisos a un lado por una noche, proporciona la oportunidad para dar toda su atención el uno al otro - para realmente escuchar, hablar e ir a la cama juntos.

▶ Cuando hay problemas sexuales en una relación el "pegamento" que podría mantenerla unida por el contrario puede faltar
▶ Si tiene hijos, es de su interés tener padres felices. Consiga una niñera que cuide de ellos con regularidad durante una noche para que puedan salir y disfrutar ser una pareja
▶ Reserve fines de semana juntos lejos de vez en cuando, y pida a los abuelos o parientes que cuiden a los niños. Si usted tiene amigos con niños de la misma edad, considere ofrecer un acuerdo de reciprocidad.

Infidelidad

El vínculo de confianza creado entre una pareja a través de la intimidad sexual es frágil y, una vez roto, es inusual que tenga una verdadera reparación. Después de que una pareja descubre que el otro ha sido infiel, la pareja puede someterse a consejería y/o tratar de funcionar por un tiempo, pero es probable que cada vez que se embarquen en una discusión seria el 'asunto' sea tocado y arrojado de nuevo en la arena. Este nunca será olvidado. En última instancia, puede provocar el fin de la relación.

▶ Si una pareja ha sido infiel, debe pensar cuidadosamente acerca de si le confiesa o no al otro; las consecuencias de la divulgación pueden ser fatales para la relación

▶ Si otras personas saben sobre la infidelidad de uno de los dos, siempre habrá peligro de que sea expuesto en algún momento, y existe la necesidad de hacer una cuidadosa reflexión

▶ Lo que puede ser "sólo una aventura" para una

pareja, puede ser visto como una falta inaceptable de confiar en la otra persona

- A pesar de que es una burda generalización, no obstante para muchos hombres "solo sexo" con un tercero puede estar alejado y mantenerse separado de sus sentimientos por la pareja a largo plazo. Por otro lado, para las mujeres, las relaciones sexuales entre su pareja y otra persona a menudo pueden ser vistas como una traición imperdonable que señala el final de la relación
- Antes de embarcarse en una aventura puede ser conveniente sopesar el riesgo del descubrimiento y las posibles consecuencias de esto, contra la emoción de iniciar una relación secreta con otra persona

La bisexualidad / homosexualidad

Una pareja puede descubrir en el transcurso de una relación heterosexual que en realidad es bisexual u homosexual o infeliz con su sexo biológico. El resultado puede ser que, por causas ajenas a la otra persona, simplemente no puede obtener la satisfacción sexual que anhela en su relación actual. Este descubrimiento puede llegar cuando una pareja ha estado junta durante muchos años, dando lugar a una desintegración completa de su relación. Es probable que para la otra persona sea devastador descubrir que nunca ha sido capaz de satisfacer sexualmente a su pareja y puede sentirse poco atractiva e inadecuada, como resultado, creyendo que de alguna manera hizo algo mal.

Historia

Ralph y Lea se conocieron en la universidad, se casaron y tuvieron dos hijas que ahora son de 8 y 6 años. Después de diez años de matrimonio, Lea, a la edad de 40, conoció en el trabajo a una mujer mucho más joven, Carrie, y se enamoraron. Lea habló con Ralph sobre su romance y le pidió dejar el hogar, cosa que hizo. Carrie fue a vivir con Lea y establecieron su hogar juntas. Lea se emocionó al descubrir su "verdadera" sexualidad, y se dejó llevar por el romance de su nueva relación. Sin embargo, las consecuencias para Ralph fueron devastadoras, tanto que puso en duda su papel como hombre, esposo y figura paterna para sus hijas. Le tomó mucho tiempo recuperarse de la ruptura de la relación y adaptarse a la nueva situación. Le está siendo difícil confiar en las nuevas parejas.

Un mensaje clave para cualquier persona que no está muy segura acerca de su orientación sexual es: si dudas... espera, gana experiencia y descubre... antes de mudarte a vivir con alguien.

El abuso sexual en el pasado

El pasado sexual de cada pareja es una parte de la relación y la parcela. Si hay problemas no resueltos de abusos, es muy probable que estos salgan a la superficie tarde o temprano, como una bomba sin explotar.

Historia

Marie fue abusada sexualmente por su padrastro entre la edad de 13 a 15. Le confesó a su madre en ese momento, pero su madre protegió a su marido en lugar de creer y apoyar a Marie. Durante muchos años, Marie no reveló el secreto a su marido, Terry. Se sentía incapaz de tener relaciones sexuales con él, a excepción de los momentos en que sus dos hijos fueron concebidos. Terry amaba a Marie lo suficiente como para aguantar esto durante casi 20 años. Sin embargo, cuando llegó a sus 40, sintió que quería más de la vida tanto que se volvió de hecho un "monje". Cuando amenazó con irse, Marie finalmente le confió sobre el abuso. Él la apoyó y la animó a buscar ayuda, y a impulsar un proceso penal. Desafortunadamente, Marie fue muy reacia a buscar terapia y sintió que no podía "hacerle frente". Terry finalmente perdió la paciencia con ella y la dejó. Sintió que Marie realmente ya no lo amaba y que su única posibilidad de felicidad era poner fin a su matrimonio y tratar de encontrar una nueva relación con alguien más.

Si usted ha sido víctima de abuso sexual

▶ Trate de hablar con alguien de confianza, y busque ayuda
▶ No se embarque en una nueva relación hasta que haya trabajado con la ayuda de un experto, el efecto del abuso en usted
▶ Cuando se sienta listo para comenzar una nueva relación, considere seriamente hablar con su nueva pareja acerca de sus experiencias pasadas para que sean conscientes de lo que ha sucedido y tengan más conocimiento de las cosas que todavía pueden ser puntos sensibles para usted

Los mejores consejos para una relación sexual sana

▶ Tómese un tiempo para el sexo, no importa cualquier obstáculo - es el "pegamento" que mantiene una relación junta en el transcurso del tiempo:

- Asegúrese de que no será interrumpido
- Apague el teléfono
- Ponga un poco de música
- Encienda algunas velas

▶ Organice una "cita" en la noche juntos al menos una vez por semana
▶ Organice un fin de semana juntos siempre que pueda
▶ En la cita, deje a un lado sus compromisos con el trabajo, los hijos y familiares para que puedan centrarse en sí
▶ Apague el teléfono móvil, o póngalo en silencio
▶ "Escúchense" activamente el uno al otro - puede ser la única vez que realmente lo hagan a causa del bullicio de la vida cotidiana

- Padres felices hacen hijos felices
- Negocie con un amigo o familiar para que cuide a sus hijos con regularidad
- Haga un presupuesto para el costo de una niñera si no tiene a nadie que lo haga de forma gratuita
- Pídale a su niñera llamar solo en caso de emergencia

CAPÍTULO SEIS

Hijos

¿Le gustaría tener hijos?

Es crucial que una pareja hable abierta y honestamente la posibilidad de tener hijos. Si uno de los dos está desesperado por tenerlos y el otro no, entonces esto probablemente se convierta en un momento decisivo, tarde o temprano es un problema para la relación.

Las nuevas parejas, particularmente cuando la mujer está en edad fértil, necesitan tener presente esta conversación tan pronto como parezca que la relación puede llegar a ser a largo plazo. El no hacerlo puede significar que hay un "elefante en la habitación" creando esperanzas y expectativas en uno o ambos cónyuges, mientras que ni se atreven a plantear el tema por temor a no oír lo que esperan de la otra persona.

Incluso cuando una mujer o un hombre dice al comienzo de una relación que ella/él no quiere hijos, es muy probable que sus sentimientos puedan cambiar con el transcurso del tiempo. El imperativo biológico de reproducirse es muy potente. Tratar de 'mantener' a alguien en un previo acuerdo para no tener hijos puede ser imposible, e incluso puede ser injusto en el sentido en que las personas cambian a medida que crecen y lo que era cierto para ellos cuando estaban en sus 20, puede ya no ser verdad a sus 30, 40 y así sucesivamente.

Los embarazos no planeados

Un embarazo inesperado puede proporcionar retos difíciles para una pareja. Por un lado, puede ser recibido con alegría por ambos socios, pero por el otro, puede ser que uno de ellos o ambos tengan grandes dudas acerca de seguir adelante con ello.

Es esencial que la pareja hable de ello lo antes posible en el embarazo, ya que todas las opciones se mantienen abiertas. Si puede haber una decisión de darlo por terminado, entonces es vital que ambos socios tengan tiempo para hablar el uno al otro acerca de las posibilidades, seguir el asesoramiento adecuado, buscar consejería y discutir la situación con la familia cercana o amigos y así sucesivamente antes de hacer una elección.

Si hay una decisión de proceder a término, entonces es importante que la pareja discuta abiertamente uno con otro lo que esto podría significar para su relación. En última instancia, por supuesto, no van a saber lo que se siente el ser padres hasta que nazca el bebé. Pero podría ayudar tener en cuenta el "qué pasaría si..." de antemano tratan de preparar tanto como sea posible la llegada de su hijo (ver más abajo).

El impacto de los hijos en la relación de pareja

La llegada de un hijo en la escena es un gran punto de inflexión para una pareja. A menudo es el caso que en los primeros meses después del nacimiento de un bebé, la madre se concentra casi exclusivamente en el niño y el padre puede sentirse aislado y excluido. A medida que el bebé crece el padre puede participar más en su cuidado del día a día, pero es probable que el enfoque de la pareja vaya a estar en su hijo y no en el uno al otro.

Si el nacimiento de un hijo es un punto de inflexión, con la llegada de los otros hijos es casi seguro que se consoliden los cambios permanentes en la relación de pareja. Criar a los hijos es un trabajo serio y duro - físico, emocional y en todos los demás aspectos. El peligro para la pareja es que la dinámica de su propia relación pueda llegar a ser eclipsada por sus funciones paternales. Por ejemplo:

▶ Pueden empezar a referirse el uno al otro como "mami" y "papi" en lugar de utilizar sus nombres

- Pueden encontrar que la mayoría de sus conversaciones giran en torno a sus hijos
- Pueden tener dificultades para encontrar niñeras adecuadas y así dejar el esfuerzo de salir como pareja
- Pueden estar demasiado cansados para hacer el amor
- El costo de la crianza de los hijos puede ejercer presión sobre sus finanzas, por lo que uno u otro, o ambos, sienten que tienen que trabajar más tiempo y más duro para satisfacer el gasto creciente
- Los abuelos pueden llegar a ser demasiado complicados y aún 'interferir' y criticar a uno o ambos padres
- Existe el riesgo de que el padre (aunque esto es una generalización en términos de género, es un escenario común) pueda llegar a sentir que el trabajo es la única manera en la que puede conservar su propia identidad frente a todos estos cambios y pasar más y más tiempo desarrollando su carrera, pero al mismo tiempo se siente culpable de que no está completamente involucrado en el hogar. Incluso puede haber una tendencia al exceso de trabajo debido a que el padre recibe el mensaje de la madre de que un ingreso más alto es "mejor para los niños" ya que ayudará a proporcionar un mejor estilo de vida a largo plazo.

Preservar la relación de pareja

En general, lo mejor es que los hijos sean criados en un hogar con ambos padres si es posible. Para que esto suceda, los padres tienen que hacer lo que sea necesario para mantener su relación intacta. Esto significa crear tiempo para ser una pareja, no sólo para ser madre y padre.

Importancia de los modelos tempranos - hombre / mujer

Los padres proporcionan a sus hijos modelos tempranos a seguir en términos de lo que significa ser un hombre y lo que significa ser una mujer. A su vez, la manera en que su hijo se desarrolla dictaminará lo que ese niño busca en una futura pareja.

Recomendamos leer a todos los padres *Families and How to Survive Them - John Cleese and Robin Skinner (Mandarín, 1983)*

Etapas del desarrollo emocional

Es vital que los padres traten de asegurarse de que su hijo progresa de una manera saludable a través de las diversas etapas del desarrollo físico y emocional. Perder cualquiera de esas etapas puede tener consecuencias trascendentales para él cuando llegue a ser un adulto. Por lo tanto, corresponde a los padres asegurarse de que el niño recibe apoyo emocional y físico, límites apropiados, y es animado con amor hacia la independencia apropiada a medida que crece. Si ambos padres pueden participar en la crianza de sus hijos de forma equilibrada, lo más probable es que los niños crezcan con modelos masculinos / femeninos sanos.

Psicología Niño – Niña

Los niños aprenden sobre su identidad sexual de sus padres. Las niñas miran a sus madres como un modelo de feminidad, y los niños ven a sus padres como un modelo de masculinidad. Mientras que una niña forma un apego temprano a su madre y crece su emulación, un niño necesita la ayuda de su madre para desprenderse de su dependencia de infancia y formar un apego sano a su padre. Con el fin de completar el proceso, los niños también necesitan de sus padres para amarlos y animarlos a desarrollar su masculinidad. Aunque las niñas tienen que separarse de sus madres también, esto implica alejarse de la mamá en lugar de tener que desprenderse activamente de ella.

Los hijos necesitan a ambos padres

Los niños necesitan tiempo con ambos padres, por separado y en conjunto, con el fin de convertirse en adultos sanos. Es importante que las familias pasen tiempo juntas, pero también es vital que los padres reserven un tiempo para estar a solas con sus hijos uno a uno si es posible.

Los mejores consejos para los padres

Criar a los hijos es estimulante y agotador. ¡Considere algunas de estas ideas simples!

- Tómese un tiempo cada padre para estar de uno a uno con cada niño
- Busque y acepte ayuda para el cuidado de los niños de los abuelos y otros parientes
- Si ambos padres trabajan, a continuación, organicen sus respectivos horarios de trabajo de manera justa
- Compartan las tareas domésticas entre ustedes equitativamente
- Logre que los niños ayuden en las tareas domésticas
- Organice un presupuesto para hacer frente a los gastos de los niños
- Póngase de acuerdo sobre las normas básicas para la crianza de los hijos, entre ellas:

  - *Disciplina* - ¿Puede usted adoptar una postura unánime y firme? ¿Cuáles son los límites? ¿Cómo cumplirlos? ¿Cuáles son las sanciones?

- *Horas de acostarse*, ¿Cuándo? ¿Será diferente para cada niño?
- *Comidas* - ¿A qué hora? ¿Quién va a ir de compras y cocinar?
- *Hábitos de consumo* - ¿Qué es lo que usted espera de los niños? ¿Cuándo es permitido comer dulces?
- *Dinero de bolsillo* ¿Será administrado a sus hijos? Si es así, ¿Cuánto y con qué frecuencia?
- *Actividades y pasatiempos* - ¿Cuáles hará cada niño? ¿Cuánto cuestan? ¿Quién los va a llevar y recoger? ¿Puede compartir el transporte con otras familias?
- *Educación-* ¿A qué escuelas asistirán sus hijos? ¿Pueden ambos padres ir a los encuentros de padres en la escuela? ¿Quién los ayudará con las tareas? ¿Cuáles son las reglas en la casa para que las tareas sean hechas?
- *Cultura y religión* ¿Desea que sus hijos tengan cultura y/o educación religiosa? ¿Existen diferencias religiosas o culturales entre ustedes? ¿Cómo se pueden resolver? ¿Tienen los parientes puntos de vista que lo afectan a usted? Si es así, ¿Cómo va a manejar esta situación?
- *Temas de salud*: ¿Quién va a llevar a los niños al médico cuando estén enfermos? ¿Existen condiciones de salud de sus hijos que requieren negociación entre ustedes sobre su cuidado a largo plazo? ¿Habrá citas médicas regulares? Si es así, ¿Quién va a asistir?

- Trabajar en la mejor forma de organizar unas vacaciones en familia

  - ¿Puede cada padre dar a la otra persona un descanso a veces?
  - Encuentre actividades para los niños
  - Considere traer a los amigos de los niños
  - Considere ir de vacaciones con otras familias con hijos de edades similares
  - Encuentre una niñera durante las vacaciones para que puedan salir juntos como pareja- Después de todo, se supone que ¡es un día de descanso para usted también!

Las áreas problemáticas

Algunos de los problemas comunes que surgen en las familias se pueden evitar:

▶ Conflictos entre los padres frente a sus hijos puede ser muy perjudicial para los niños
▶ Si tiene una diferencia de opinión, no discuta delante de los hijos - acuerde continuar la discusión en otro momento, fuera de su vista y de que puedan escuchar
▶ Traten de no usar el chantaje emocional entre ustedes acerca de los niños con el fin de obtener su propio beneficio. Esto podría suceder, por ejemplo, cuando uno de los padres es el principal sostén de la familia y el otro pasa más tiempo en casa con los niños. Si el padre en el hogar, dice algo así como: "Yo sé lo que es mejor para los niños porque paso mucho más tiempo con ellos que tu" es probable que esto haga que el otro padre se sienta infravalorado, excluido y a la defensiva. También puede dar lugar a una disputa, o a que el otro padre simplemente se retire sin sentirse capaz

de expresar sus puntos de vista, construyendo así el resentimiento y la ira que estalla con el tiempo
- ▶ No trate de excluir a la otra persona de cualquiera de los planes de los niños –la realidad es que los niños generalmente necesitan de lleno la contribución de ambos padres con el fin de prosperar

Los hijos discapacitados

Los hijos con discapacidad a menudo requieren una gran aportación de tiempo, energía y emoción de ambos padres. A veces uno o ambos padres pueden tratar de 'bloquear' el hecho de que su hijo tenga problemas físicos o mentales y permanecen negándolos, o se sienten culpables de que debieron haber 'hecho algo mal' que los hace responsables de esos problemas. El resultado es que existe una presión adicional en la relación entre los padres. Parte del tiempo y la energía que de otro modo podrían haber encontrado el uno al otro se desvía hacia el cuidado que necesita su hijo, dejando muy poco que perder. No es raro encontrar que al menos uno de los padres se convierte en el cuidador de tiempo completo para el niño, hasta el punto en que su vida gira alrededor de esa función y a la exclusión de todo lo demás. Esto puede conducir a la desintegración gradual de la relación entre la pareja.

Por lo tanto, es vital que los padres tengan tiempo para un 'break' en el cuidado de los niños discapacitados. Puede ser posible:

▶ Negociar el suministro de servicios de cuidados temporales a través de los servicios sociales, y/o buscar la ayuda de familiares y amigos para ayudar a que puedan salir por unos días de vez en cuando durante el año

Tener un descanso juntos es probable que permita a los padres:

▶ Regresar al cuidado de su hijo con energía renovada; y
▶ Ayuda a enfocarse el uno al otro durante algún tiempo, muy necesario para la pareja

Padrastros

Si uno o ambos socios ya tienen hijos de relaciones anteriores, entonces es vital que hablen de la forma en que sus hijos van a integrarse en su nueva relación. Ser abierto a posibles problemas y obstáculos significa que hay una oportunidad para discutir sobre ellos en una etapa temprana y para considerar estrategias para la gestión de las dificultades antes de que realmente surjan.

La participación de los niños en el proceso de establecer normas básicas para el nuevo hogar es una buena manera de permitir que se sientan incluidos y menos resentidos por la introducción de un nuevo adulto en sus vidas.

Historia

Becky y Sam se habían casado antes de conocerse. Becky tiene dos hijos de su primer matrimonio, Lizzie (9) y Ben (7), quienes viven con ella durante la semana, pero pasan fines de semana alternos con su padre. Sam tiene un hijo de su primer matrimonio, Nick (5), quien pasa fines de semana alternos con él. Cuando Becky y Sam se mudaron juntos tenían muchos problemas con el establecimiento de normas básicas para los niños, debido a normas diferentes aplicadas en los hogares de los niños con sus otros padres. Decidieron que lo mejor para hacer sería sentarse con los tres niños y discutir cuales normas se aplicarían en su casa. Se pidió a los niños dar sus ideas. Una vez que habían acordado algunas reglas en la familia consiguieron una gran hoja de papel y algunos lápices de colores y los niños se turnaron para anotarlas en letras grandes. Luego se colgó un planeador en la pared de la cocina donde todo el mundo pudiera verlo. Esto funcionó muy bien porque todos se sintieron involucrados en ello.

Crianza de los hijos con sus ex parejas

Los padres separados o divorciados que se mudan a nuevas relaciones a menudo se enfrentan a grandes retos al resolver como cuidar de sus hijos de acuerdo con su ex pareja. Mucho dependerá del nivel de comunicación entre usted y su ex. Donde hay una comunicación razonable a continuación, haga los acuerdos para que pueda ser más sencillo para los niños. Sin embargo, si la comunicación es difícil, entonces puede ser difícil elaborar un plan de crianza cooperativa.

Los mejores consejos para padres separados

- Mantenga una comunicación de tipo empresarial
- Mantenga una comunicación directa entre los dos - no involucre a terceros pues es probable que esto de lugar a malentendidos y dificultades
- La comunicación verbal en persona o por teléfono es la forma más inmediata de intercambio de información
- Si la comunicación verbal es muy difícil, considere el establecimiento de sus propuestas por correo electrónico de modo que puedan ser impresas y se mantengan, según sea apropiado
- Póngase de acuerdo sobre la forma de comunicarse en una emergencia, por ejemplo por llamada de teléfono móvil o mensaje de texto
- No discuta delante de los hijos - todas las investigaciones muestran que estar involucrado en conflictos entre los padres es perjudicial para los niños
- Elaboren entre ustedes una rutina para compartir tiempo con los niños para que ellos tengan contacto con ambos padres

- ▶ Realice una llamada telefónica de planificación de agenda a intervalos regulares para discutir acuerdos para los niños
- ▶ Avise con antelación cualquier cambio de planes, para que el otro padre no sea tomado por sorpresa
- ▶ Organice con suficiente antelación lo que va a pasar en las vacaciones escolares, los cumpleaños de los hijos, la Navidad, los días especiales como el Día de la Madre y el Día del Padre, etc., para que estas ocasiones no se echen a perder por argumentos desagradables
- ▶ Considere la posibilidad de sacar a sus hijos de vacaciones, o lejos un fin de semana, de uno- a-uno. Es raro que un niño tenga un padre para él solo, sobre todo si se tiene hermanos. Es una maravillosa manera de ser capaz de concentrarse exclusivamente en su hijo y construir un vínculo duradero
- ▶ Dependiendo de la edad de sus hijos, considere consultar acerca de sus deseos y los sentimientos. Si usted hace esto, hágales saber que usted va a tomar en serio sus deseos pero que al final la mamá y el papá serán los que toman las decisiones
- ▶ Deje que los niños sepan que es bueno tener dos hogares
- ▶ Deje que los niños sepan que tanto los aman sus padres y que esto nunca va a cambiar
- ▶ Deje que los niños sepan que la separación / divorcio no es culpa de ellos

CAPÍTULO SIETE

Dinero

La planificación financiera

Una de las mayores cosas que las parejas pueden hacer para ayudar a que su relación funcione sin problemas es ser abiertos sobre su situación financiera desde el principio. Es importante revelar el uno al otro sus:

- ▶ Ingresos
- ▶ Ahorros
- ▶ Propiedades
- ▶ Otros activos
- ▶ Provisión de Pensiones
- ▶ Las deudas y pasivos

Cuando llegan a vivir juntos, es importante elaborar un presupuesto mensual de sus gastos para asegurarse de que pueden darse el lujo de pagar todas las cuentas. Sería útil revisar esto con regularidad, por ejemplo, al final de cada año, para asegurarse de que sus ingresos y sus gastos son equilibrados. Tener conciencia de los gastos del otro le ayudará a evitar caer en deudas. Aunque esto puede sonar poco romántico, es probable que usted establezca su relación en un camino constante donde la honestidad y la transparencia de las finanzas se conviertan en un hábito y por lo tanto elimine el estrés de tener que preocuparse sobre si es o no solvente.

También puede ser útil mirar hacia el futuro, digamos cinco años, para discutir la forma en que a cada uno de ustedes le gustaría que se desarrollara su situación financiera. Esto ayudará a aclarar las similitudes o las diferencias que puedan tener en sus valores, objetivos y expectativas. Es mejor ser abierto acerca de sus diferencias al comienzo. De lo contrario, existe el peligro de que puedan comenzar a recorrer un camino financiero en el que uno de ustedes pueda sentirse presionado a seguir, mientras no se sienta capaz de expresar sus limitaciones en caso de que moleste a la otra persona. Esto puede crear un resentimiento secreto que probablemente construya con el tiempo y entre en erupción en el futuro. Un intercambio sincero de opiniones al comienzo puede causar discusiones a corto plazo, pero puede también ahorrarle complicaciones financieras a largo plazo.

Acuerdos de convivencia

Si no piensa casarse es posible que desee considerar la posibilidad de una convivencia que establezca lo que cada uno espera del otro en términos de un acuerdo en conjunto de los gastos y así sucesivamente. También se establecen las disposiciones que se harían si fuera a separarse. Un experimentado abogado en derecho de familia le puede dar consejos sobre esto y le ayudará a redactar un acuerdo apropiado. Para más consejos sobre la cohabitación ver Capítulo 12.

Independencia financiera

Una vez que haya hecho un plan para cubrir sus gastos en común, es posible que desee llegar a un acuerdo sobre su dinero restante para que sea gastado como usted desee, sin el escrutinio de su pareja. A todo el mundo le gusta tener un cierto grado de autonomía sobre sus asuntos financieros, y es saludable tener cierta independencia financiera en una relación.

Los gastos de los hijos

Si usted tiene hijos, entonces es muy probable que una gran parte de su presupuesto se utilice para cubrir sus gastos. Esto incluye alimentos, ropa, zapatos, dinero de bolsillo, clubes y actividades, comidas escolares, viajes escolares, uniforme escolar, material deportivo, etc.

Si sus hijos están en la escuela privada a continuación, los pagos pueden ser una gran parte de sus gastos anuales. Será importante planificar con anticipación para asegurarse de que puede darse el lujo de mantener a sus hijos en sus escuelas durante el período que desea. Esto puede significar economizar en otras áreas, tomando consejos sobre planificación financiera y así sucesivamente.

Si desea que sus hijos tengan la oportunidad de ir a la universidad, entonces es importante tenerlo en cuenta en su plan de ahorros. La educación superior es cara e implica el pago de derechos de matrícula, gastos de alojamiento y gastos del día a día. Algunos jóvenes esperan trabajar durante las vacaciones con el fin de ayudar a pagar su educación universitaria. Si esto es lo que espera de sus hijos, entonces sería conveniente sentarse con ellos y explicarles claramente, para que sepan cómo planificar su tiempo.

Vacaciones

Las vacaciones en familia pueden ser muy costosas y sería prudente planear de antemano cuánto están dispuestos a gastar cada año, para que pueda ahorrar para sus vacaciones y disfrutar de ellas cuando llegue el momento. No hay nada peor que volver a casa de unas vacaciones relajantes con una pila de facturas inesperadamente altas de tarjetas de crédito que usted tiene que pasar pagando el resto del año.

Los problemas financieros

Uno de los puntos desencadenantes más comunes de la ruptura de una relación es la existencia de problemas financieros de uno o ambos cónyuges, a veces agravada por el alcoholismo, consumo de drogas y/o juegos de azar. Cuando ambos cónyuges son conscientes de la escasez de dinero, cada uno debe observar la manera en que su pareja está gastándolo. Por ejemplo, un hombre puede criticar a una mujer por gastar dinero en revistas y peluqueros, mientras que una mujer puede criticar a un hombre por gastar dinero en cerveza y apuestas. Este resentimiento crece a medida que el dinero disminuye y puede llegar a ser abrumador, matando los sentimientos de amor y afecto por los demás.

Sin embargo, las cosas pueden ser aún peores cuando uno de los cónyuges gasta en exceso sin el conocimiento del otro y luego este comportamiento es repentinamente expuesto, tal vez por la llegada en el correo de una citación de dictamen de las deudas pendientes de pago, o una amenaza de pérdida de la posesión de la casa porque la hipoteca está en mora. En estas circunstancias, la grave situación financiera aumenta por las acciones de uno de los socios al mentir sobre sus deudas en un período considerable de tiempo, posiblemente durante meses o incluso años. Este abuso de confianza puede ser terminal para la relación de pareja.

Historia

Jenny y David han estado casados durante diez años y tienen dos hijos, ahora de 11 y 9 años de edad. David siempre ha sido financieramente irresponsable y nunca revela a Jenny lo que gana. Trabaja para su hermano y se describe como "trabajador por cuenta propia". Él nunca ha mostrado las cuentas ni ha pagado impuestos. Jenny trabaja a tiempo parcial y hace todo lo posible para contribuir a las finanzas de la familia a fin de mantener un hogar para los niños. Un día llegó una carta que pensó iba dirigida a ella por la etiqueta diferente. La abrió y descubrió que estaba dirigida a David expresando su insolvencia. Ya había perdido un par de reuniones importantes con el servicio de insolvencia y ahora sería llevado a los tribunales. Estaba devastada y no sabía qué hacer. Todo lo que logró con su duro trabajo parecía disolverse, y parecía que su casa podría ser embargada. Ella se sintió muy traicionada por la falta de honestidad de David y sintió que ya no podía confiar en él.

Los mejores consejos para finanzas sanas

▶ Sea abierto y honesto acerca de sus ingresos y gastos desde el principio
▶ Siéntense juntos y formulen un presupuesto
▶ Revise el presupuesto a intervalos regulares, al menos una vez al año
▶ Considere la posibilidad de un plan de cinco años
▶ Compare sus metas y expectativas financieras
▶ Considere la posibilidad de entrar en un acuerdo de convivencia, si usted no está casado
▶ Calcule sobre lo que es "su dinero" para gastar como mejor le parezca sin escrutinio por parte de su pareja
▶ Haga un presupuesto claro para cubrir los gastos de los niños
▶ Si usted decide pagar la escuela, discuta el impacto que esto tendrá en el resto de su presupuesto
▶ Planee con anticipación el costo de la educación terciaria
▶ Planee con anticipación sus vacaciones en familia, y el presupuesto para todo el año
▶ Si usted entra en dificultades financieras, dígale a su pareja lo más pronto posible antes de que el problema crezca

▶ Si usted tiene deudas que no puede pagar, busque asesoramiento y considere las opciones para la consolidación de sus deudas y haga un plan de pago con sus acreedores

▶ Si las dificultades financieras llevan a la desconfianza entre ustedes, considere la terapia de pareja para ayudarle a hablar entre sí acerca de la situación

CAPÍTULO OCHO

Trabajo

Es importante que cada uno tenga un trabajo significativo que encuentre estimulante y agradable, aun cuando este sea el cuidado de la familia y el hogar y/o ser el sostén de la familia. Esto permite a cada uno de ustedes llevar a casa nuevas ideas y estimular la conversación al final del día. Compartir las preocupaciones y los triunfos de la vida diaria permite a la pareja centrarse en el uno al otro y sentirse valorados y apreciados. Si es posible, es bueno pasar algún tiempo juntos al final de cada día con una taza de té o una copa de vino, charlando sobre lo que les ha sucedido. Tal vez usted puede hacer esto mientras se cuece la comida de la noche, o, si usted tiene niños, entonces tal vez puedan sentarse juntos después de que ellos hayan ido a la cama.

Tomarse el tiempo para realmente escucharse el uno al otro y simpatizar con las cosas que cada uno ha experimentado, fomenta la intimidad sobre una base diaria.

Es un error creer que "no tiene tiempo" para hablar. Todo el mundo puede crear el tiempo, si lo desea.

Socializar con los compañeros de trabajo

Cuando uno o ambos socios trabajan fuera de casa, es muy probable que haya momentos cuando se socializa en pareja con compañeros de trabajo. Es muy importante que ustedes apoyen entre sí estos momentos. Permite que cada uno sepa que lo que el otro hace para ganarse la vida es valorado y apreciado.

Funciones de equilibrio dentro del hogar

Independientemente de que trabaje en el hogar o fuera de él, es esencial que hable de cómo deben ser gestionadas las tareas del mismo. Incluso si uno de ustedes tiene la responsabilidad principal del cuidado de la familia y el hogar, todavía hay probabilidades de que haya otras ocupaciones que hay que hacer regularmente, por ejemplo cortar el césped, sacar la basura, transportar a los niños a sus diferentes actividades, tener tiempo libre para llevar a los niños al médico o al dentista, etc. Es vital para la salud de su relación que usted resuelva un equilibrio justo de la responsabilidad de estas cosas. Si una pareja siente que lleva todo el peso sin la ayuda que le gustaría tener de la otra persona, es probable que conduzca a un resentimiento con el paso del tiempo.

Si la persona que trabaja fuera de casa, literalmente, no tiene tiempo para ayudar, y luego considera la búsqueda de ayuda destinada a cubrir las tareas pertinentes, discuta cómo esto podría encajar en su presupuesto.

Despido

En estos días, por desgracia, no es inusual que las personas experimenten el despido al menos una vez durante su vida laboral. Los efectos pueden ser financiera y emocionalmente devastadores para las parejas. No sólo hay una terminación repentina de los ingresos sobre los que han basado su estilo de vida hasta ese momento, si no que puede haber sentimientos de inutilidad, depresión y pérdida de la condición de la persona a quien le ha ocurrido. Esto puede ser especialmente difícil si ha sido empleado en el mismo puesto de trabajo durante muchos años. Puede haber un repentino corte de colegas con quienes ha compartido gran parte de su vida laboral, seguido de un cambio significativo en su red social y de apoyo. Esto puede llevar a la depresión, a veces clínica, para lo cual se debe buscar consejo médico. El otro socio puede llegar a cansarse por el cambio de rol y estilo de vida que sigue, hasta el punto en que sus sentimientos sobre la continuación de la relación se alteren. Puede llegar al punto en que ya no "reconoce" a la otra persona, y cuestiona la viabilidad de su permanencia en la relación.

Historia

Harry y Gwen han estado casados por 25 años y tienen dos hijos de 19 y 17 años de edad. Harry fue un ingeniero en la misma empresa durante toda su vida laboral. De repente la compañía cayó en desgracia y tuvo que despedirlo junto con muchos de sus colegas. Harry tenía casi 50 años y le pareció muy difícil encontrar otro trabajo. Llegó a sufrir depresión clínica, fue prescrito médicamente, y pasaba sus días en casa delante del televisor. Gwen intentó motivarlo a volverse a entrenar y buscar un trabajo diferente, pero Harry no podía, o no quería ayudarse a sí mismo. Eventualmente Gwen renunció a ayudarle, lo dejó y se fue a vivir con su madre por un tiempo. Este fue el golpe que Harry necesitaba; actuó como un catalizador para que él comenzara a ayudarse a sí mismo. Buscó ayuda en la administración de empleo y estuvo dispuesto a ir a un curso de informática para actualizarse. También se ofreció a hacer trabajo voluntario como controlador para el albergue local. Gwen respetó el hecho de que estaba comenzando a hacer un esfuerzo, y después de varias semanas accedió regresar a casa y trató de reparar su relación.

Los mejores consejos si es despedido

Si es despedido, entonces es posible que desee usar esto como una oportunidad para revisar lo que busca en su vida laboral:

▶ Haga su "trabajo" encontrar un trabajo
▶ Averigüe qué beneficios estatales hay disponibles para usted y su familia para sacarlo del apuro durante su período de desempleo
▶ Considere algunas sesiones de 'Entrenamiento de Vida' con alguien que esté capacitado para ayudarle a analizar sus fortalezas y debilidades, y busque maneras en las que pueda tomar nuevas decisiones sobre el tipo de trabajo que emprenda
▶ Considere la posibilidad de convertirse en trabajador por cuenta propia si tiene una habilidad que se preste para ello. Si esta es una opción, busque asesoramiento financiero independiente acerca de cómo crear una empresa, la forma de llevar una contabilidad precisa, qué gastos podrían deducirse de sus ingresos, etc.

- "Véndase usted mismo" de la manera más ventajosa. Obtenga ayuda para crear un curriculum vitae (CV) actualizado para presentar a las solicitudes de empleo. Esta es la primera cosa que un posible empleador podrá ver, y establece las bases para las decisiones que tiene que tomar acerca de si debe o no contratarlo a usted
- Registre su nombre en las agencias de contratación
- Utilice contactos personales de trabajos anteriores para saber si valdría la pena aplicar de nuevo a esa empresa
- Acepte el apoyo moral que le ofrece su familia durante ese momento difícil
- Trate de no desanimarse ni rendirse si las aplicaciones de puestos de trabajo no tienen éxito
- Considere la posibilidad de hacer regularmente algún trabajo voluntario durante el período de desempleo. Esto demuestra a futuros empleadores que usted tiene una ética de trabajo positiva y puede ayudar a mantenerse optimista y sentir que está haciendo algo valioso con su tiempo. Es algo constructivo para añadir a su CV, y será un tema que usted pueda hablar con confianza en las entrevistas de trabajo
- Recuerde mantener el diálogo con su pareja sobre las posibilidades abiertas a usted

▶ Mantenga todos los canales de comunicación abiertos con su familia, amigos, trabajo anterior, colegas - ¡nunca se sabe de dónde puede venir la próxima oferta de empleo!

Jubilación

Los avances en la atención médica y las mejoras en la salud de la población significan que hay un aumento en la esperanza de vida para hombres y mujeres. La edad en que se obtiene la pensión estatal para hombres y mujeres es cada vez mayor (véase el Servicio de Asesoramiento Pensiones<u>www.pensionsadvisoryservice.org.uk</u> sitio web):

- ▶ Entre 2010 y 2020 la edad de jubilación de las mujeres habrá aumentado a 65.
- ▶ Entre 2024 y 2026, la edad de jubilación para hombres y mujeres habrá aumentando a 66.
- ▶ Entre 2034 y 2036, la edad de jubilación para hombres y mujeres habrá aumentando a 67.
- ▶ Entre 2044 y 2046, la edad de jubilación para hombres y mujeres habrá aumentando a 68.

Algunas personas pueden continuar como asalariados mucho más allá de la edad de jubilación, pero otros pueden optar por la jubilación anticipada o la edad de jubilación estatal. Cuando se jubile, es probable que sea un período de transición y puede ser una gran sorpresa para algunos.

Esto puede ser particularmente difícil para las parejas que se jubilan en diferentes momentos. La forma de vida de la pareja va a cambiar sustancialmente, y puede traer presiones inesperadas y cambios en las expectativas de cada uno. En vista de esto, es importante hablar de la jubilación de antemano y formular algunos planes.

Los mejores consejos para prepararse para la jubilación

▶ Hable acerca de la jubilación con su pareja
▶ Hable acerca de sus deseos y sueños compartidos
▶ Hable acerca de sus deseos y sueños individuales
▶ Vuelva a equilibrar las tareas de la casa para distribuirlas de manera justa entre ustedes
▶ Considere la posibilidad de algunas sesiones con un "entrenador de vida" para ayudar a identificar las cosas que realmente le gustaría hacer y que le darán un sentido de propósito y realización
▶ Planee con anticipación dar a sus días una estructura. Una vez que no haya la necesidad de levantarse por la mañana para ir a trabajar usted puede sentirse un poco "perdido" después de que la euforia al inicio causada por liberarse de la rutina del trabajo haya desaparecido
▶ Planifique sus finanzas con cuidado para asegurarse de que tiene suficiente para vivir. Obtenga asesoramiento financiero independiente si hay algo de lo que usted no está seguro

- Actualice su testamento en caso de que algo le suceda a cualquiera de los dos, así la pareja sobreviviente no tiene que afrontar la incertidumbre financiera
- Considere el cambio de casa si esto hiciera la vida más fácil y más económica
- Considere la posibilidad de acercarse a sus hijos o familiares si es posible que necesite su apoyo a medida que envejece
- Deje a un lado un presupuesto para las cosas extra que le gustaría hacer, ya que usted sabe cuánto hay disponible para gastar en ocio y recreación
- Haga de su salud una prioridad
- Coma bien
- Haga suficiente ejercicio. Construya esto en su rutina diaria
- Planee proyectos a futuro para enfocarse en algo
- Si usted está preocupado acerca de cómo ocupar su tiempo - es posible pensar en hacer algo que siempre haya querido hacer, pero nunca tuvo el tiempo para explorar, por ejemplo:

  - Aprender un nuevo idioma
  - Ir a clases nocturnas
  - Unirse a la Universidad de la Tercera Edad (U3A)
  - Unirse a un club de cine
  - Unirse a un grupo de excursión

- Practicar un nuevo deporte
- Hacer un poco de trabajo voluntario

▶ Si le gusta viajar, tenga en cuenta cuanto puede permitirse gastar cada año y planee viajes que siempre hayan estado en su "lista de deseos"

CAPÍTULO NUEVE

Salud

Es de vital importancia cuidar de su salud física, emocional y mental no sólo para su propio bienestar, sino también para la calidad de vida como pareja.

Los mejores consejos para conservar una buena salud:

- ▶ Coma alimentos saludables
- ▶ Cocinen juntos en pareja
- ▶ Haga ejercicio de manera regular, juntos y por separado
- ▶ Apóyense mutuamente en la búsqueda de asesoramiento al inicio de cualquier problema de salud percibido
- ▶ Dé a los demás tiempo para relajarse al final del día de trabajo
- ▶ Tome tiempo para relajarse después de un episodio estresante

- Cree tiempo para estar juntos como una forma de ayudar a su salud emocional individual, y también al bienestar emocional de la familia
- Mantenga bajo revisión regular el equilibrio vida-trabajo, de forma individual y en pareja
- Haga el mejor uso de sus fines de semana para tener un cambio de rutina y/o de lugar
- Socialice con amigos que lo hagan sentir bien
- Tome vacaciones regulares

Discapacidad física o enfermedad en uno de los socios

Si alguno en la pareja tiene o desarrolla una enfermedad física, no puede haber tensión e intolerancia en el otro socio ya que actúa como "cuidador" de su propia pareja. Por mucho que se amen, a lo largo del tiempo esto puede cambiar el equilibrio de la relación de su igualdad anterior a la dependencia sobre el otro, por lo que puede debilitar la base misma sobre la que se sentían atraídos al principio.

Historia

María es de España y ha sido parcialmente sorda de nacimiento. Lleva audífonos en ambos oídos y lee los labios. Estuvo casada con Sam durante 15 años y tienen dos hijos de 12 y 8 años de edad. Durante el curso de la unión Sam se volvió controlador e irritable al frustrarse cada vez más por su discapacidad. María se sentía cada vez más vulnerable. Su discapacidad la hizo sentirse aislada y disminuida emocionalmente. Sam se quejó de que "no estaba capacitada para hacer cualquier cosa". Finalmente, María salió de casa, ya que estaba muy deprimida, llevando a los niños con ella. María tuvo asesoramiento, recuperó su confianza y entrenó como un maestro. Ella conoció una nueva persona, formó una relación con él y se establecieron. Con el tiempo, ella y Sam fueron capaces de compartir el tiempo con los niños uniformemente. En su nueva relación, su novio tomó tiempo para escucharla y para comprender cómo se sentía, ser paciente con sus problemas de audición y ayudar a desarrollar estrategias para manejar su discapacidad.

Los mejores consejos para el manejo de la discapacidad o enfermedad en uno de los socios

Estos consejos se aplican si usted y/o su pareja es quien sufre la condición:

- ▶ Tan pronto como usted sienta que hay un problema, hable con su pareja si puede
- ▶ Si no puede hablar con su pareja acerca de ello, trate de confiar en alguien cercano a usted
- ▶ Hable con su médico de familia acerca de los problemas que está experimentando
- ▶ Explore si hay más ayuda médica abierta a la persona con la discapacidad o enfermedad, especialmente si la afección está empeorando
- ▶ Considere la posibilidad de buscar asesoría para usted mismo, o en conjunto, según corresponda
- ▶ Averigüe sobre grupos de apoyo locales donde usted pueda compartir sus experiencias con otros que entiendan la situación
- ▶ Si no hay un grupo de apoyo local, considere comenzar uno

Enfermedad en la familia extensa

Cuando uno de los socios enfrenta a sí mismo el cuidado de un miembro de su familia que se encuentra mal puede necesitar estar fuera de casa durante largos períodos, hasta el punto en que no tenga tiempo, energía o emoción y deje de invertir en su propia relación de pareja. Hay un grave riesgo de que el socio que se 'dejó' comience a sentirse aislado y descuidado, hasta el punto de poder creer que no hay ningún punto en permanecer en la relación.

Los mejores consejos para el manejo de la enfermedad dentro de la familia extensa

▶ Asegúrese de que su prioridad es su relación de pareja
▶ Asegúrese de que tiene previsto algún "tiempo libre" durante los fines de semana para poder pasar tiempo con su pareja
▶ Considere si hay otros miembros de la familia que a veces puedan ofrecer ayuda
▶ Considere si puede permitirse el lujo de pagarle a alguien para ayudar con regularidad
▶ Considere si puede solicitar subsidios del gobierno para su papel de cuidador, ya que esto podría aliviar su situación financiera
▶ Considere si su autoridad local puede ofrecer ayuda con el cuidado regular
▶ Considere si su autoridad local puede ofrecer "cuidado de relevo" para darle un descanso
▶ Averigüe si hay grupos de apoyo locales para otros cuidadores en su situación, ya que puede ser un alivio hablar de las tensiones involucradas con otros que entiendan

Depresión, trastornos de la personalidad y enfermedad mental

Cuando uno o ambos cónyuges sufren de depresión, trastorno de la personalidad o enfermedad mental, que permanece sin tratar, es muy probable que la relación no pueda resistir el paso del tiempo. Por supuesto, hay relaciones donde una ostensible persona "saludable" necesita estar con la pareja que tiene que ser "atendida". Puede ser que esta relación de co-dependencia pueda trabajar en ciertos casos debido a las personalidades subyacentes y características de los individuos. No obstante, cuando alguien comienza una relación creyendo que la pareja está física y mentalmente bien y sólo al descubrir con el paso del tiempo, que no lo está, puede crearse una fuerte presión en la pareja. Si se busca el tratamiento y se realiza, la pareja puede entrar en conjunto a solucionar el problema y abordarlo juntos, en realidad fortalecen su relación a largo plazo. Sin embargo, cuando el problema no se aborda es probable que la tensión en la pareja sana tenga un efecto con el tiempo, por lo que la situación de deterioro y el comportamiento de la otra persona finalmente lastimen la relación hasta el punto en que no pueda ser reparada.

Los mejores consejos para tratar con problemas de salud mental

Estos consejos se aplican si usted y/o su pareja es quien sufre la condición:

- ▶ En cuanto detecte un problema, busque ayuda
- ▶ Haga una cita con su médico de familia
- ▶ Discuta la posibilidad de medicación adecuada
- ▶ Si se trata de un problema complejo, pida a su médico que lo transfiera a un consultor
- ▶ Busque asesoría individual y/o conjunta, según corresponda
- ▶ Confíe en la familia cercana y/o amigos para que usted no se sienta "solo"

El alcoholismo, la toxicomanía, el juego, la adicción sexual

La dependencia y la adicción que implica el alcohol, las drogas, el juego y el sexo son las principales causas de ruptura de relaciones. A veces una pareja entra en una relación sabiendo que el otro tiene un problema, pero es probablemente más común que el problema surja durante el curso de la relación. A menos que la ayuda de un experto sea buscada, y actúe sobre la víctima, es probable que en el transcurso del tiempo la forma en que la adicción o dependencia les afecte, deteriore la confianza subyacente entre los socios. Ejemplos de este tipo de comportamiento pueden incluir: la mentira, la agresión física, abuso verbal, comportamiento irresponsable, gastos excesivos, participación en actividades delictivas, etc. Las dos historias siguientes ilustran algunos de estos problemas.

Capítulo Nueve ~ Salud

Historia

Matt y Hannah estuvieron casados durante ocho años y tuvieron dos hijas, de 6 y 4. Durante el matrimonio Matt se volvió adicto a la cocaína y al alcohol. Hizo varios esfuerzos para controlar su adicción pero volvía a caer en ella cuando se sentía bajo presión. A lo largo del matrimonio Hannah había sido objeto de sus dramáticos cambios de humor y su comportamiento emocional y verbalmente abusivo. En ocasiones era físicamente violento con ella. Hannah decidió que no podía continuar con el matrimonio y pidió a Matt terminar con la relación. Después de la separación de Matt y Hannah, encontraron casi imposible comunicarse a cualquier nivel. Hannah se sintió incapaz de confiar en él porque le mintió muchas veces durante el matrimonio, e hizo muchas promesas que más tarde rompió.

Historia

Theo y Maya se casaron hace 18 años y no tuvieron hijos. Theo era profesor universitario y Maya trabajaba para el servicio civil. Durante el curso del matrimonio Theo admitió que había jugado al menos £50.000, pero en realidad probablemente era mucho más que esto. Durante años, mintió a Maya sobre su situación financiera y destruyó evidencia de sus finanzas. Maya siempre estaba preocupada por no tener suficiente dinero para pagar las cuentas, mantener en buen estado su hogar o ir de vacaciones. Theo trató de buscar ayuda para su adicción, pero no pudo controlarla. Maya apoyó por muchos años estos intentos, pero finalmente sintió que la confianza se había perdido y se fue. Estaba exhausta y simplemente quiso negociar con Theo un "corte limpio" financiero y así no estar vinculada económicamente a él.

Los mejores consejos para lidiar con la adicción

Estos consejos se aplican si usted y/o su pareja es quien sufre la condición:

▶ Busque ayuda tan pronto como el problema salga a la luz
▶ Hable con su médico de familia sobre el problema y averigüe qué tipo de ayuda podría estar disponible
▶ Confíe en su pareja si puede y hable sobre cómo seguir adelante
▶ Confíe en la familia cercana o amigos puesto que, no es un "secreto"
▶ Si su seguridad o la de sus hijos, está en riesgo, busque asesoría legal de inmediato
▶ Si su seguridad financiera está en riesgo, considere hablar con su abogado, director de banco, contador o asesor financiero para ver qué se puede hacer para preservar su posición financiera
▶ Si ha caído en deudas, busque asesoramiento especializado ya que puede haber medidas que tomar para hacer arreglos con sus acreedores y así

organizar la devolución de la deuda de manera que usted la pueda manejar

▶ Se recomienda la asesoría de expertos

▶ Considere la posibilidad de encontrar un grupo de apoyo adecuado

CAPÍTULO DIEZ

Vacaciones

Vacaciones Juntos

Es importante que las parejas tomen tiempo para irse de vacaciones juntos y por separado si así lo desean. Las vacaciones juntos les da tiempo para alejarse del ajetreo y el bullicio de la vida cotidiana, pueden centrarse en sí y compartir nuevas experiencias. Estas pueden ser viajar a lugares que usted no había visitado antes, o volver a "viejos refugios" que le son familiares y de los que disfruta. Escapar de la rutina les permite recargar baterías.

Si tienen hijos, traten de planear una vez al año ir de vacaciones (o por lo menos por un tiempo un fin de semana) sin ellos. Esto les puede dar un necesario descanso de ser "mamá y papá "y les recuerda lo que se siente al pasar tiempo juntos.

Vacaciones individuales

Las parejas a veces pueden encontrar útil tomar vacaciones individuales, para aprovechar este tiempo para "si mismos". Las vacaciones independientes podrían tomarse por su cuenta, con familia o amigos. Tener espacio entre sí de vez en cuando puede ayudar a restaurar su autonomía por un tiempo. La vida en pareja puede desdibujar los límites individuales de cada socio con el transcurso del tiempo. Estar aparte de su pareja para reencontrar el sentido de si mismo, y escapar de la "convivencia en pareja" puede ser útil a veces. Al regresar a casa después de una pausa puede recordarle lo mucho que extraña a su pareja.

¡Por supuesto, también puede tener el efecto contrario! Tiene que haber un alto grado de confianza y seguridad en una relación para que las parejas tomen vacaciones por separado sin que la persona 'dejada atrás' sienta que la están cerrando deliberadamente y abandonando.

Llevando a los niños a vacaciones

Las vacaciones pueden ser ¡un trabajo duro para los padres! Si usted está planeando unas vacaciones en familia, es buena idea asegurarse de que haya actividades que se adapten a los grupos de edad de sus hijos. Si es posible, encuentre lugares que ofrezcan algún cuidado de niños durante el día o por la noche para que puedan tener tiempo juntos lejos de ellos. Considere llevar a un amigo de cada niño para que tengan a alguien con quien jugar.

Puede ser bueno ir de vacaciones con otra familia o familias, con niños de edades similares, así puede compartir el cuidado de los niños con otros padres.

La planificación financiera

Salir de vacaciones puede ser un negocio costoso, especialmente si usted está llevando a los niños. Es importante planificar su presupuesto con antelación para asegurarse de que puede darse el lujo de ir sin poner exceso de tensión en las finanzas del hogar.

Ser realista

Es importante que una pareja hable de lo que espera en un día de fiesta, y sean honestos acerca de las cosas que realmente les gusta hacer y de las que no están tan interesados. En cada persona puede haber una percepción muy diferente de lo que entiende por escape, relajación, aventura y así sucesivamente. Sólo es posible atender a las necesidades individuales, si usted está dispuesto a hablar de ello abiertamente.

Historia

Graham y Nicola han estado juntos por 11 años y tienen un hijo Ben, de 9, y una hija Rubí, de 7. Viven en Yorkshire, cerca de la familia de Graham quienes tienen un casa de campo en los valles que han poseído desde hace tres generaciones. Significa mucho para Graham llevar a Nicola y a los niños allí cada verano durante dos semanas junto con sus padres. Sin embargo, ¡esta no es la idea de descanso de Nicola! Cuando ella está en casa siente que la madre de Graham siempre toma el control, que no tiene opinión a la hora de comer ni privacidad. En los primeros años de su matrimonio Nicola complació a Graham, pero desde que nacieron los niños siente que no tiene un momento para sí misma, ni siquiera en vacaciones. Cuando el tema de las vacaciones de este año tocó la conversación, al fin fue firme y le dijo a Graham cómo se sentía realmente. Él se sorprendió por completo al pensar que a ella le encantaba la cabaña. Sin embargo, tomó sus preocupaciones en serio y después de hablar acerca de lo que significa para cada uno un "día de descanso" acordaron que Graham pasará la quincena de costumbre en casa de sus padres con los niños, para que Nicola esté allí por la primera semana, pero ella irá a Ibiza con algunas amigas por la segunda semana para disfrutar del sol, del descanso y la relajación.

Los mejores consejos para las vacaciones

- Acuerde un presupuesto de vacaciones cada año y haga de este un componente importante de su planificación financiera
- Sea honesto con otros acerca de su percepción de lo que entiende por "vacaciones"
- Si usted tiene expectativas muy diferentes de las "vacaciones" considere vacaciones por separado
- Disfruten de unas vacaciones juntos como pareja al menos una vez al año
- Trate de ir a lugares nuevos, así como a 'viejos refugios' familiares, ya que esto puede ser muy estimulante
- Si tiene hijos:

  - Asegúrese de que haya algunos servicios de guardería en su destino de vacaciones
  - Asegúrese de que haya actividades para ellos (y para usted)
  - Considere la adopción de un amigo para cada uno de ellos

- Considere ir de vacaciones con otras familias con hijos de edades similares
- Vayan de vacaciones sin los niños por lo menos una vez al año, y ¡olvídense de que son "mamá y papá" por un tiempo!

CAPÍTULO ONCE

La Familia Extensa

Importancia de las buenas relaciones familiares

Al **entrar** en una relación con su pareja también significa entrar en una relación con su familia, y ellos con los suyos. Esto puede ser una experiencia enriquecedora, o a la inversa. Si se trata de la primera, entonces tiene suerte. Si es esta la última, ¡entonces puede haber algunos desafíos por delante!

Interferencia de la familia extensa

A veces la familia extensa puede ser una fuente de fricción. Si la pareja encuentra difícil sobrellevar a la familia del otro, entonces puede dar lugar a discusiones entre ellos, alegaciones de lealtades de la pareja hacia su familia en lugar de a la relación de pareja, tensión por asistir a reuniones familiares, etc. Es importante que una pareja discuta juntos como manejar estas lealtades en competencia.

Historia

Emma trabajó tiempo parcial en el bar de sus padres. Bob trabajó para la empresa de construcción de su padre. Las familias tuvieron "la última palabra" sobre el salario adecuado y las condiciones de trabajo para cada uno de ellos, y parecía como si tuvieran el control de la vida de Emma y de Bob. Cuando Bob descubrió que otros empleados estaban siendo mejor pagados que él por trabajar menos horas, finalmente dejó la empresa de su padre para trabajar para otra persona. Esto causó una gran brecha con su familia dejando de verse en los últimos 18 meses. Emma ha intentado construir puentes, ofreciendo llevar a sus dos hijos a visitar a los padres de Bob, pero sus esfuerzos han sido rechazados hasta ahora. Esta es una gran pena para todos ellos, sobre todo para los niños que crecen sin tener contacto con sus abuelos paternos.

Reglas básicas cuando los abuelos proporcionan el cuidado de los niños

Casi un tercio de las familias en Gran Bretaña, donde la madre está en el trabajo, dependen de los servicios de guardería por parte de los abuelos del niño (Centro de Investigación de Bienestar Infantil Documento de trabajo n°10, noviembre de 2011). Si usted confía en que los abuelos proporcionan cuidado para sus hijos, entonces sería una buena idea trabajar en algunas-reglas básicas de cómo esto va a llevarse a cabo:

- ▶ ¿Qué día de la semana y durante cuántas horas?
- ▶ ¿Va a incluir las vacaciones escolares?
- ▶ ¿A los abuelos se les paga por su tiempo?
- ▶ ¿En cuál casa se mantendrá a los niños?
- ▶ ¿Quién suministrará el equipo para los niños, por ejemplo, cochecitos, cunas, juguetes especiales, sillas, asientos de automóviles, etc?
- ▶ ¿Quién decide lo que los niños van a comer y cuándo?
- ▶ ¿Quién va a decidir acerca de la disciplina?

Los mejores consejos para el manejo de las relaciones con la familia extensa:

▶ Si usted tiene buenas relaciones con la familia extensa, fomenta en gran medida la calidad de sus vidas
▶ Si tiene relaciones difíciles con alguien de la familia extensa, discútanlo entre ustedes como pareja, y elaboren estrategias para su gestión:

- o Discutir abiertamente entre ustedes como pareja
- o No dejar que 'divide y vencerás' a la familia extensa, es decir, no deje crear una barrera entre usted y su pareja
- o Ser rápidos para detectar cuando se dividen sus lealtades, y "cortar de raíz"

▶ Trabajar estrategias para administrar el tiempo con la familia extensa. Esto podría incluir por ejemplo:

- o Limitar la cantidad de tiempo que pasa con ellos cada año

- Estar de acuerdo entre ustedes como pareja con las ocasiones familiares a las que asistirán cada año y a las que no
- Estar de acuerdo entre ustedes como pareja con el tiempo de llegada y salida cuando asistan a reuniones familiares
- Asegurarse de que están de acuerdo entre ustedes con una "estrategia de salida", es decir, una buena razón para dejar una reunión familiar en un momento determinado
- Asegurarse de que usted tiene su propio medio de transporte, de modo que se mantenga control sobre su capacidad para llegar y salir
- Si se va de vacaciones con la familia extensa, considere su propia estancia para su familia en un alojamiento independiente al resto de ellos
- Pagar por sí mismo, de modo que usted no sea una "obligación" de nadie más. Ser consciente de que el dinero puede convertirse ¡en una fuente de control!
- Si los abuelos proporcionan el cuidado para sus hijos, acuerden una serie de normas básicas sobre las maneras prácticas

CAPÍTULO DOCE

*La Industria De La Boda:
¿Vamos A Casarnos O Simplemente
Vivir Juntos?*

Casarse - ¿Para quién es realmente?

La **decisión sobre** si se debe casar o cohabitar es complicada. En este capítulo, miramos la industria que se ha construido en torno a las bodas, y las tensiones que esto puede traer para aquellas parejas que optan por caminar por el pasillo, o casarse en una oficina de registro. Las parejas del mismo sexo que celebran uniones civiles encontrarán que estas tienen prácticamente las mismas consecuencias legales como el matrimonio en términos de los niños y las finanzas.

A riesgo de sonar poco romántico, también damos algunos consejos sobre cómo protegerse financieramente en caso de que su matrimonio o relación se rompa.

Para ilustrar algunas de las presiones por las que compiten las parejas, echemos un vistazo a la historia de Tracey y Dave:

Historia

Tracey (27) y Dave (30) han estado viviendo juntos durante cuatro años. Tracey realmente quiere casarse y lo menciona casi todos los días, de una manera u otra. Muchas de sus amigas están casadas y tienen hijos. Dave cree que casarse no es tan importante. Él siente que es un lujo que puede ser permitido en el futuro - Después de haber ahorrado para comprar una casa, un coche, y poner un poco de dinero en el banco. Tracey interpreta esto en el sentido de que él no la ama lo suficiente como para querer casarse con ella. Esto se ha convertido en una fuente de constantes discusiones entre ellos. Tracey compara el matrimonio con seguridad, aunque sea inconscientemente, y se sentiría más segura teniendo su relación con Dave formalizada en un marco legal, de modo que él no esté disponible con relación a otras mujeres. Dave ha visto que algunos de sus amigos se casan y 'sientan cabeza', sólo para encontrar que sus vidas se han restringido a las expectativas de sus esposas y la responsabilidad de cuidar a los niños. Él supone que el matrimonio puede quitar la diversión de su relación con Tracey. Sin embargo, después de largas discusiones y mucho escudriñar el corazón de Dave, finalmente "aparece la pregunta" y él y Tracey se comprometen. Desde luego el proceso de planificación de la boda se convierte en el foco principal de sus vidas, con las familias de ambos lados arrastradas a la vorágine de "la fiebre de la boda".

Una vez que las parejas han fijado la fecha de su boda, muchos comienzan a preguntarse quiénes son en realidad para casarse. El proceso puede que parezca que toma vida propia, con padres y familias extendidas a ambos lados involucrándose en papeles, preparativos, ropa, lista de invitados, distribución de asientos, flores, lugar de encuentro, alojamiento, luna de miel y así sucesivamente. La lista es interminable. Lo que comenzó como una celebración del amor de una persona por la otra toma impulso hasta que, para algunos, puede sentirse como un vehículo corriendo fuera de control.

Sutiles cambios pueden ocurrir tan pronto como se seque la tinta en el certificado de matrimonio y de que la luna de miel haya terminado. Puede ser casi como si la adquisición de las etiquetas de "esposo" y "esposa" trajeran un cambio en la forma en que cada persona se ve. A menudo, esto significa un cambio de apellido para la mujer, una alteración de su identidad en términos de cómo es descrita por el mundo exterior. Puede haber una tendencia a que cada socio caiga en los roles tradicionales y estereotipos asociados a "ser un marido" o "ser una esposa". Cada persona puede tener ciertas expectativas en la otra, basadas en los modelos de matrimonio de su propia familia o tal vez basadas en patrones que ven en los matrimonios de sus amigos. Estas expectativas pueden llegar a ser completamente irreales. Hay peligro de que las parejas casadas puedan comenzar muy rápidamente a hacer suposiciones sobre el otro, dejar de hacer mucho esfuerzo por complacer al otro, y llegar a ser perezosos con 'el cuidado' de la relación. Esperamos que los primeros capítulos de este libro le ayuden a evitar muchos de estos escollos.

Todos estos factores pueden ser exacerbados cuando los niños llegan a la escena. Las parejas a menudo llegan a agotarse por las constantes demandas de la paternidad, lo que les deja sin reservas de energía para dedicarse el uno al otro, un tema discutido más en detalle en el Capítulo 9.

El costo de casarse

Un poco de investigación muestra que ¡el costo promedio de casarse puede ser alto!

Conforme a un artículo publicado en The Telegraph, 22 de mayo de 2013, editado por Richard Holt la 'Boda Promedio Ahora Cuesta US$30.000':

Parejas de recién casados hacen ahora cada vez más esfuerzos para recuperar los costos de la boda, una de cada ocho (12 por ciento), incluso admite la venta de artículos comprados de su lista de regalos para generar efectivo.

Más de la mitad de los recién casados (52 por ciento) piensan que los costos de la boda se han disparado fuera de control, con un 12 por ciento ahora en más de $5.000 dólares en deuda debido a los gastos de su gran día.

La encuesta a más de 1.000 personas casadas en los últimos cinco años, por "Sheilas' Wheels: Seguro de Hogar", encontró que el 16 por ciento de las parejas discutió al menos una vez a la semana durante el proceso de planificación, debido a sus finanzas.

Y uno de cada nueve recién casados (11 por ciento) admite que incluso estuvo a punto de romper debido a los problemas de dinero relacionados con la boda.

El estudio halló que uno de cada cinco (21 por ciento) tuvo que usar tarjetas de crédito y préstamos para pagar por su gran día, más del 25 por ciento con préstamos de dinero de familiares y amigos.

Los costos están afectando a quienes están entre los 25 y 34 años de edad, el más duro con uno de cada cinco (20 por ciento) teniendo que elegir entre una boda o conseguir la cuota inicial de su primera propiedad.

Un tercio (33 por ciento) admitió endeudarse para pagar su boda, mientras que el 23 por ciento postergó casarse debido a sus finanzas afectadas.

Casi uno de cada cinco (18 por ciento) culpa a la presión social como la razón principal de los gastos de la boda, volviéndose fuera de control, mientras que un tercio (33 por ciento) dejó crecer demasiado su lista de invitados.

El 16 por ciento de los recién casados perdieron el control de sus finanzas al sentirse presionados por organizar un bar libre y el 19 por ciento se sintieron obligados a equipar su fiesta nupcial con uniforme de gala, incluso aunque no podían permitírselo.

Y el 24 por ciento de los encuestados pensó estar sobrecargado por los proveedores de la boda con un 20 por ciento admitiendo reservar lugares o empresas de catering y más tarde lamentarlo debido al costo.

Una quinta parte (20 por ciento), incluso dijo estar demasiado avergonzada como para regatear o negociar.

La investigación reveló que el 12 por ciento admitió poner artículos comprados de su lista de regalos en eBay y el 10 por ciento admitió devolverlos a la tienda.

Una de cada nueve novias vendió su vestido de novia en línea para conseguir un poco de dinero en efectivo y un 26 por ciento pidió dinero como regalo de bodas para ayudar con las finanzas - el 15 por ciento, incluso dijo que es específicamente para pagar las deudas.

Un tercio de los londinenses (33 por ciento) usó tarjetas de crédito o préstamos para pagar su gran día, en comparación con sólo un 13 por ciento en el suroeste.

Los londinenses también fueron los más propensos a aplazar la compra de una casa, debido al costo de su boda (31 por ciento).

El sitio web para el Reino Unido Wedding Belles (www.ukweddingbelles.com) resume el costo promedio de una boda en el año 2011 de esta manera:

Anillo de compromiso y celebraciones (US$ 2.000)
Papelería (US$ 825)
Despedidas de soltero (US$ 470)
Seguros (US$ 200)
El servicio (US$ 860)
Los anillos de boda (US$ 1.100)
Flores (US$ 1.250)
Decoración de la recepción (US$ 850)
Traje de la novia (US$ 2.500)
Cabello y belleza (US$ 300)
Traje del novio (US$ 350)
Trajes Asistentes (US$ 800)
Transporte (US$ 900)
Fotografía (US$ 1.600)
Videografía (US$ 1.500)
Recepción (lugar, comida y bebidas) (US$ 6.650)
Entretenimiento (US$ 1.250)
Pastel de boda (US$ 660)

Regalos (US$ 290)
Luna de miel y primera noche de hotel (US$ 6.600)

Total: US$ 30.980

El costo de una boda puede colocar una carga extraordinaria sobre la pareja y sus familias. Puede haber una intensa presión emocional en los padres de la novia y el novio por pagar el costo, o "contribuir a los gastos", a menudo en el momento en que están a punto de jubilarse.

Para muchas parejas, la presión de la crisis crediticia que comenzó en 2007 y parece que va a continuar durante algún tiempo significa que van a encontrar mucho más difícil obtener una hipoteca para su primera vivienda. Cada vez más, se espera que paguen un depósito sustancial antes de que un prestamista hipotecario se comprometa a hacer un préstamo. El costo de la boda comerá sus ahorros y agotará los fondos disponibles para un depósito de hipoteca.

Estadística de Matrimonios y divorcios

Registros recopilados por la Oficina de Estadísticas Nacionales (ONS) muestran que el panorama a largo plazo para las bodas en el Reino Unido está en disminución gradual, aunque ha habido un pequeño aumento cada año desde 2009. No es posible decir en este momento si esto es indicativo de un fin a la disminución a largo plazo del matrimonio entre 1972 y 2009 (www.ons.gov.uk). Es interesante mirar algunas de las estadísticas relacionadas con el matrimonio, la unión civil, la cohabitación, el divorcio y la disolución de las uniones civiles:

▶ El número provisional de matrimonios del Reino Unido en 2011 fue de 285.390, en comparación con un máximo de 480.285 en 1972.
▶ Sin embargo, desde 2009 el número de matrimonios ha aumentado gradualmente cada año al 2011.
▶ Las estadísticas de 2011 para Inglaterra y Gales muestran que 164.470 (66 %) fue el primer matrimonio para ambos socios.

- El número de matrimonios en 2011 para Inglaterra y Gales fue mayor entre hombres y mujeres de 25 a 29 años.
- El número de uniones civiles formado en Inglaterra y Gales por parte de parejas del mismo sexo se incrementó en 2011, aumentando a 6.152 en comparación con 5.804 en 2010 (un incremento del 6 %).
- La edad media de hombres que formaron una unión civil en el Reino Unido en 2011 fue de 40,1 años, mientras que para las mujeres el promedio de edad fue de 38,3 años.

A modo de contraste:

- Entre 2010 y 2011, el número de divorcios concedidos en el Reino Unido se redujo en un 1,7 % de 119.589 a 117.558. Continuó la disminución general de divorcios desde 2003, cuando hubo 153.065. La caída en los divorcios es consistente con una disminución en el número de matrimonios a 2009. Puede ser debido al creciente número de parejas que eligen cohabitar en vez de contraer matrimonio (Beaujouan y Bhrolchain, 2011).
- El número de divorcios más alto en 2011 fue entre hombres y mujeres de 40 a 44 años.

▶ Con base en el matrimonio, las estadísticas de divorcio y mortalidad para Inglaterra y Gales en 2010, estiman que el porcentaje de matrimonios que terminan en divorcio es de 42%. Alrededor de la mitad de estos divorcios se producen en los primeros diez años de matrimonio.

▶ El promedio de duración del matrimonio (es decir, el punto medio de la distribución) para los divorcios concedidos en 2011 fue de 11,5 años.

▶ En 2011, el 70% de los divorcios fueron a parejas en las que ambas partes se encontraban en su primer matrimonio, mientras que el 30% restante eran de parejas en las que al menos una de las partes se había divorciado o enviudado previamente.

▶ En casi la mitad (49%) de las parejas divorciadas en 2011 había al menos un niño menor de 16 años viviendo en la familia. Más de una quinta parte de los niños eran menores de cinco años y el 64% eran menores de 11.

▶ El número provisional de disoluciones de asociación civil, concedidas en el Reino Unido en 2011 fue 672, un aumento de 28.7 por ciento desde el año 2010.

Acuerdos prenupciales

Como hemos visto, más del 40% de los matrimonios británicos ahora terminan en divorcio. Cuando un matrimonio se rompe, el marco jurídico que regula el divorcio se establece en la Ley de Causas Matrimoniales 1973. Todas las cuestiones relativas a los niños se tratan en la Children Act 1989, y problemas de manutención de los niños son considerados en gran parte bajo la Ley de la infancia de 1991.

Aunque puede no parecer muy romántico, es cada vez más común en estos días para quienes tienen la intención de casarse que consideren celebrar un acuerdo pre-nupcial, sobre todo donde uno o ambos cónyuges han estado casados antes. En él se establecen los acuerdos a seguir si posteriormente deciden separarse o divorciarse. Aunque estos acuerdos aún no son jurídicamente exigidos como tal en el Reino Unido, los tribunales ponen cada vez más peso en ellos.

Un acuerdo prenupcial puede ser particularmente apropiado cuando por ejemplo:

- Uno o ambos de ustedes han estado casados antes
- Usted está trayendo los activos financieros en el matrimonio
- Existe una desigualdad de poder adquisitivo entre ustedes
- Está renunciando a una fuente de ingresos con el fin de casarse
- Está renunciando a un hogar con el fin de casarse

Si usted cree que un acuerdo de este tipo sería una buena idea, asegúrese de consultar abogados independientes con el fin de prepararlo adecuadamente. Sus abogados se asegurarán de que no firme nada hasta que tengan cada detalle de todas sus finanzas, y estén a gusto con los acuerdos a los que ustedes están llegando.

¿Hay una alternativa al matrimonio?

La Oficina Nacional de Estadísticas (www.ons.gov.uk) explica que la convivencia se refiere a vivir con una pareja, pero no casado o en unión civil. En 2012 hubo 5,9 millones de personas cohabitando en el Reino Unido, el doble de la cifra de 1996. La convivencia es el tipo de familia que crece más rápido en el Reino Unido. En 2006, el 58% de los encuestados en la Encuesta Británica de Actitudes Sociales pensaba que las parejas no casadas que vivían juntas desde hacía algún tiempo, probablemente o definitivamente tenían un "matrimonio de hecho" que les daba los mismos derechos legales que las parejas casadas, por desgracia, este no es el caso ya que no existe la "unión de hecho" en la legislación del Reino Unido.

▶ 25 - 34 años es el grupo de edad más propenso a cohabitar, viviendo a menudo juntos antes de casarse
▶ El porcentaje de quienes están entre los 35 - 44 años cohabitando también ha aumentado

- Cuatro de cada cinco personas que se casan vivieron juntas antes de casarse
- El porcentaje de parejas del mismo sexo que viven en concubinato ha aumentado de 16.000 en 1996 a 69.000 en 2012 (¡Un aumento del 345 %!), mientras que el porcentaje de cohabitación de parejas de sexo opuesto ha aumentado de 1,46 millones en 1.996 a 2.840.000 en 2012 (un aumento del 98 %)
- En 2012, 39 % de las parejas de sexo opuesto que cohabitaban tenían hijos a su cargo, en comparación con el 38 % de las parejas casadas. Sin embargo, menos del 1 % de los niños dependientes vivían con parejas de hecho o familias del mismo sexo compuestas por parejas que cohabitan en 2012.

Cohabitación

Si, efectivamente, el matrimonio está en declive y en vez de eso más personas están optando por vivir juntas, entonces, ¿Qué arreglos prácticos pueden hacer las parejas para regular las bases sobre las que eligen dirigir sus vidas? En la práctica, las familias vienen en todos los tamaños y formas, pero hay algunos consejos prácticos para la regulación de esos arreglos.

Los mejores consejos para las parejas de hecho

▶ En las primeras etapas de la relación vivan en casas separadas, al menos hasta que estén más seguros sobre el futuro

▶ Si las parejas que cohabitan deciden separarse, la ley relativa a la forma en que sus activos financieros van a ser divididos entre ellos es muy complicada. Esto significa que puede ser costoso y estresante tratar de deshacer las cosas. Aunque esto puede sonar muy poco romántico, hay algunas medidas sensatas que pueden tomar para protegerse en caso de separarse. Desde el principio de su relación, usted debe:

- Mantener un registro claro de todas las transacciones financieras entre ustedes
- Decidir quién debe pagar qué cuentas, y cuando
- Hacer acuerdos escritos (y fechados) sobre cualquier decisión financiera importante que han hecho
- Anotar cualquier préstamo entre ustedes por escrito (con fechas)

- Dejar muy claro si algo es un regalo, en lugar de un préstamo
- Mantener copias de todos sus estados de cuenta bancarios
- Mantener copias de todos los recibos

▶ Si ustedes deciden vivir juntos, considere consultar a abogados independientes y formular un Acuerdo de Convivencia. Esto puede cubrir una amplia gama de acuerdos entre ustedes dejando en claro lo que cada uno espera del otro, así como establecer qué pasaría si se separaran

▶ Si deciden alquilar una propiedad juntos, hagan un acuerdo financiero claro sobre quien va a pagar porque, y cuando

▶ Si deciden comprar una propiedad juntos, cada uno debe tomar asesoramiento jurídico independiente sobre el marco jurídico adecuado para la compra

- ¿Van a comprar la propiedad como copropietarios? Si es así, se presume que les pertenece en partes iguales, 50:50. Además, si uno de ustedes muere, la participación de esa persona pasaría al derecho de 'supervivencia' de la pareja restante, o:
- ¿Van a comprar la propiedad en común, pero a medida que son inquilinos - con acciones específicas? Esto bien podría ser apropiado si uno de ustedes

va a depositar más que el otro. Si uno de ustedes muere, la participación de esa persona sería entonces delegar de acuerdo con los términos de su testamento (si lo tiene), o de acuerdo con las reglas de abintestato (si no hay testamento)

▶ Si usted tiene hijos, la madre tiene automáticamente la responsabilidad parental sobre ellos, pero es necesario asegurarse de que el padre es nombrado en el certificado de nacimiento de modo que él tiene responsabilidad parental de la misma manera que la madre. El marco legal en relación con los niños se encuentra en la Ley de menores de 1989.

▶ Un padre soltero que no se nombra en el certificado de nacimiento aún puede entrar en un Acuerdo de Responsabilidad Parental con la madre, siempre que esta dé su consentimiento. Si ella se opone, entonces el padre tendrá que solicitar a la corte una Orden de Responsabilidad Parental en virtud del artículo 4 de la Ley del Menor de 1989.

▶ Ambos padres son financieramente responsables de mantener a sus hijos.

▶ Si los padres no casados se separan, el marco legal que cubre el apoyo financiero para sus hijos está regulado por la Ley del menor de 1989 de la Lista 1, y por la Ley de apoyo al niño 1991.

- Para obtener información sobre la manutención de menores, consulte Opciones de Manutención de Menores www.cmoptions.org
- Hay muchos sitios web que ofrecen información útil sobre el divorcio, la unión civil, disolución y separación, por ejemplo, Mediación Nacional de Familia: www.nfm.org.uk y Resolution la organización de abogados de derecho de familia: www.resolution.org.uk

CAPÍTULO TRECE

*Los Tiempos Difíciles Juntos, Cómo
Enfrentarse A Las Cosas Cuando Van Mal*

¿Cómo sobrellevar las cosas cuando van mal?

Es **de vital importancia** tener en cuenta que toda relación pasa por altibajos - esto es completamente normal. Ninguna relación va a durar a través de los años sin desafíos a lo largo del camino. Hay ciertas cosas que pueden desencadenar graves problemas en una relación, como una crisis de mediana edad de uno o ambos cónyuges, la muerte de alguien cercano, despido, problemas financieros, enfermedades, adicciones, etc. Lo que más importa es cómo manejar una crisis cuando sucede, y al final de este capítulo le damos algunos consejos útiles para ayudarle a encontrar el mejor camino a seguir.

Reconociendo una "crisis de la mediana edad"

La "crisis de la mediana edad" es probable que la sufran algunas personas a sus 40 y 50 años, ya que es entonces cuando el sentido de la propia mortalidad comienza a sentirse más inminente. La muerte de un padre, y tal vez incluso de sus hermanos o amigos de su mismo grupo de edad traerá esto aún más crudamente a un primer plano. Esto puede dar lugar a pensamientos como "¿Es esto todo lo que hay en la vida?" "¿Qué he logrado hasta ahora?" y "¿Qué pasó con todos mis sueños?". Esto puede indicar el deseo a explorar experiencias que se han mantenido en un "segundo plano" hasta ahora, con una mayor disposición a tomar riesgos, o incluso a "tener una aventura" con otra persona - cosas que a los demás pueden parecer estar completamente fuera de carácter para esa persona y ser totalmente inesperadas. Su pareja puede sentir como si "Alguien accionara un interruptor y mi esposo / esposa / amante se convirtiera en una persona completamente diferente - Es sólo que ya no reconozco a esta persona". Se puede sentir como si su pareja estuviera sufriendo una enfermedad para la que aparentemente no hay cura.

La experiencia masculina y femenina de la crisis de la mediana edad puede ser muy diferente. No es inusual oír hablar a hombres de mediana edad unirse a un gimnasio, comprar ropa nueva, tener nuevos pasatiempos, amistad con mujeres mucho más jóvenes, y así sucesivamente. Del mismo modo, no es raro ver mujeres de mediana edad buscando un "cambio de imagen" emocional y física, recibir asesoría para entenderse así mismas, comienzan a tener más cuidado sobre su apariencia y comienzan a explorar nuevas relaciones.

La pérdida de un hijo

La muerte de un hijo es probable que desencadene grandes cambios en la dinámica de la relación de los padres. Es completamente devastador para ellos y el dolor resultante puede dejarlos sin reservas emocionales para el uno al otro durante mucho tiempo. Ellos pueden aprender a vivir con su pérdida, pero nunca se recuperarán completamente de ella.

Historia

Matt y Sue habían estado casados por 20 años. Su hija, Ann, murió trágicamente a la edad de 16 durante una excursión escolar. La pareja recibió asesoramiento durante el duelo e hizo todo lo posible por llegar a un acuerdo por su pérdida. Sue encontró un poco de consuelo con el hecho de poder hablar a sus amigas y a un consejero capacitado. Sin embargo, Matt encontró muy difícil hablar a Sue y a cualquier otra persona de cómo se sentía y se "encerró" en sí mismo. Sue sintió que estaba cerrándose a sí mismo desde lo que había sucedido y apartando la pérdida de su hija del resto de su vida. Para ella parecía como si él estuviera de alguna manera disminuyendo la importancia de la pérdida y preocupándose solo por su vida. De hecho, la verdad era todo lo contrario; cerrarse y sacar esto de su mente era la única manera en que Matt podía soportar seguir viviendo sin su hija. Cada uno de ellos tenía diferentes formas de manejar sus sentimientos de pérdida y no podían realmente entender el punto de vista del otro. Eventualmente, sus diferentes formas de afrontarlo condujeron a la ruptura de su matrimonio y se separaron.

La pérdida de un padre

La muerte de un padre puede dar lugar a grandes cambios en una pareja, sobre todo si había un vínculo estrecho entre el padre que ha muerto y su hijo. Sin embargo, incluso cuando la persona en duelo no era particularmente cercana al padre a quien concierne la muerte, podría hasta ese momento sacar a la superficie las emociones y los problemas que han permanecido enterrados en el pasado. Esto puede actuar como un catalizador para una reevaluación radical de la forma en que han llevado su vida hasta ahora, como una confirmación de su propia mortalidad, y como un sentimiento de que "la vida es corta". También puede conducir a un cuestionamiento del propósito de la vida y el deseo de revisar y tal vez cambiar la forma en que están viviendo. Una de las víctimas de esa reevaluación puede tener relación con la pareja.

Despido

En el Capítulo 8 (Trabajo) hemos hablado de las presiones que el despido de uno de los socios puede traer para una pareja, incluyendo una pérdida repentina de ingresos, una disminución de su nivel de vida material, cancelación de las vacaciones, un cambio en su red social, pérdida de autoestima, depresión, etc. En muchos sentidos, los sentimientos experimentados tienen paralelismos con los experimentados durante el duelo.

Los problemas financieros

En el Capítulo 7 nos fijamos en la forma en que los problemas financieros pueden poner una enorme presión sobre una relación y sugerimos algunas ideas para la gestión de estos asuntos.

Enfermedades físicas y problemas de salud mental

En el Capítulo 9 se consideraron las formas en las que la enfermedad física y problemas de salud mental pueden dar lugar a problemas en los socios y establece algunas sugerencias de búsqueda de ayuda y apoyo.

Los mejores consejos para el manejo de una crisis

Si usted siente que las cosas están empezando a ser más difíciles de lo que deberían ser, es importante no sobre-reaccionar a la primera señal de problemas. Tenga cuidado de dar pasos irreversibles antes de que haya habido un período de "enfriamiento" para darle tiempo para pensar las cosas y para considerar las consecuencias.

Trate de hablar acerca de sus preocupaciones y ansiedades en primer lugar con su pareja. Abórdelo como un problema común para el que desea encontrar una solución juntos. Trate de no simplemente acusarlo de hacer algo mal, ya que es probable que se ponga a la defensiva y termine la conversación, y/o provoque una discusión furiosa entre ustedes que es poco probable que resuelva algo. Revise los consejos de comunicación en el Capítulo 4.

Si usted es capaz de hablar con su pareja y compartir ideas sobre cómo podrían trabajar su camino a través de las dificultades, síganlo con un plan acordado sobre las cosas prácticas que van a tratar de hacer para cambiar las cosas. Dejar las cosas como están probablemente no ayudará, y puede incluso empeorarlas.

Si esto no resuelve las cosas, entonces hable con alguien cuyo consejo sea de su confianza. Sin embargo, recuerde que la familia y amigos pueden no ser siempre las mejores personas para ayudarle en esta situación pues primero desearán protegerlo del daño y la herida, en lugar de tomar una visión equilibrada y darle consejos sabios sobre el futuro de su relación.

Considere tener algunas sesiones de terapia para usted mismo, y/o conjuntamente con su pareja si usted piensa que esto podría ayudar. Para encontrar un asesor adecuado, hable con su médico de familia o solicite recomendaciones de personas que hayan utilizado estos servicios. No deje que sea demasiado tarde para buscar ayuda.

Recuerde estos consejos:

- ▶ Tome tiempo para calmarse
- ▶ No se apresure en las decisiones
- ▶ Trate de hablar con su pareja en primer lugar
- ▶ Trate de llegar a un plan conjunto de cosas que hagan mejorar la situación

- Considere la asesoría conjunta si su pareja estuviera de acuerdo con esto. "Relate" es una buena forma de comenzar (www.relate.org.uk)
- Se recomienda asesoría para usted (revise "Relate" más arriba)
- Hable con alguien de confianza
- Consulte a un médico si se siente deprimido, ansioso o incapaz de enfrentarlo
- Busque un grupo de apoyo
- Busque ayuda legal si siente que la necesita para protegerse usted, sus hijos y/o su posición financiera. "Resolution" es una organización nacional de abogados de familia comprometidos con el divorcio no conflictivo, separación y otros problemas familiares (www.resolution.org.uk)
- Si parece que se va a separar, tenga en cuenta la mediación familiar como una forma de llegar a acuerdos con su pareja acerca de sus finanzas y sus hijos. Mediación Familiar Nacional (www.nfm.org.uk) es una fuente de información muy útil
- Si usted ha sufrido una pérdida, CRUSE (www.crusebereavementcare.org.uk) es una fuente muy útil de ayuda y apoyo

CONCLUSIÓN

Esperamos que haya encontrado algo útil en este libro y haya disfrutado de su lectura. La intención es que sea algo a lo que pueda "echar mano", como alimento para el pensamiento por sí mismo, para estimular las ideas y la discusión con los demás, o darlo a familia y amigos a quienes pueda resultarles útil.

¡Podría ser un gran regalo!

LECTURA RECOMENDADA

No te ahogues en un vaso de agua / Don't sweat the small stuff...and it's all small stuff - Richard Carlson (Hodder and Stoughton General Division, 1998)

Los Hombres Son de Marte, Las Mujeres Son de Venus / Men are from Mars, Women are from Venus - John Gray (Thorsons, 1993)

Mars and Venus, Together Forever - John Gray (Vermilion, 1996)

Mars and Venus, Starting Over - John Gray (Vermilion, 1998)

The Road Less Travelled - M. Scott Peck (Rider, 1997)

You just don't understand. Men and Women in Conversation - Deborah Tannen (Virago Press 1992)

Matrimonio y Moral / Marriage and Morals - Bertrand Russell (1985), (Routledge Classics, 2009)

Type Talk: The 16 Personality Types - Otto Kroeger and Janet M. Thuesen (Paperback – 31 -12- 1989)

Families and how to survive them - John Cleese and Robin Skinner (mandarín, 1983)

Brilliant Relationships - Annie Lionett (Sheldon Press, 2008)

Conscious Relationships - Lori S Rubenstein (Dare to Transcend Series, 2006)

Love Life - Janet Reibstein (Fourth Estate Limited, 1997) (A Channel Four Publication)

Why men lie, and women cry - Allan and Barbara Pease (Orion, 2002)

Making Relationships Work - Alison Waines (Sheldon Press)

Las Reglas Del Amor / The Rules of Love - Richard Templar (Pearson Education)

For Better or for Worse: The Science of a Good Marriage - Tara Parker – Pope (Randomhouse)

VERSIÓN DIGITAL GRATIS

Para la versión digital por favor visite www.commonsenseforcouples.com/ebook e introduzca la siguiente contraseña:

S£nT1d0C0mUn

VISITE NUESTRA PÁGINA WEB

Para más tips, visite nuestra página web:
www.commonsenseforcouples.com

www.ingramcontent.com/pod-product-compliance
Lightning Source LLC
Chambersburg PA
CBHW031309060426
42444CB00033B/915